Presentado a

_____

De

_____

Fecha

_____

EL PODER *del* PERDÓN

EL PODER del PERDÓN

DR. BRIAN ADAMS

CASA
CREACIÓN

La mayoría de los productos de Casa Creación están disponibles a un precio con descuento en cantidades de mayoreo para promociones de ventas, ofertas especiales, levantar fondos y atender necesidades educativas. Para más información, escriba a Casa Creación, 600 Rinehart Road, Lake Mary, Florida, 32746; o llame al teléfono (407) 333-7117 en Estados Unidos.

El poder del perdón por Brian Adams
Publicado por Casa Creación
Una compañía de Charisma Media
600 Rinehart Road
Lake Mary, Florida 32746
www.casacreacion.com

A menos que se indique lo contrario, todos los textos bíblicos han sido tomados de la *Santa Biblia*, versión Reina-Valera, revisión 1960. Usada con permiso.

Las citas bíblicas marcadas (PDT) fueron tomadas de la Biblia: La Palabra de Dios para Todos Copyright: © 2005, 2008, 2012 Centro Mundial de Traducción de La Biblia © 2005, 2008, 2012 World Bible Translation Center

Originally published in the USA by:

DDestiny Image®

Shippensburg, PA
Under the title:
The Power of Forgiveness
Copyright © 2012 —Dr. Brian Adams-USA

Visite las páginas web del autor:
www.brianadamsministries.com y www.therockfgc.org

Traducido por: Federico Loguzzo
Director de diseño: Bill Johnson

Library of Congress Control Number: 2012948227
ISBN: 978-1-62136-149-7
E-book ISBN: 978-1-62136-151-0

Impreso en los Estados Unidos de América
12 13 14 15 16 * 7 6 5 4 3 2 1

DEDICATORIA

Este libro está dedicado al autor y consumador de la fe y el perdón, mi Padre celestial. Gracias Jesús por haberme perdonado. Gracias Espíritu Santo por darme esta revelación acerca del poder del perdón. Gracias a mi pastor David Chisholm quien siempre ha sido un ejemplo de alguien que brinda gracia y perdón.

A mi esposa Karen, por ayudarme en oración y editando este libro. Es una ayuda enviada por Dios. A todos mis hijos y nietos. Son maravillosos.

A mi padre terrenal, el finado Richard Adams, quien me enseñó a testificar de mi fe. Un agradecimiento especial a mi madre, Irene Adams, por haberme presentado al hombre de Galilea, Jesucristo.

RESEÑAS

Nunca me percaté de la profundidad ni de la riqueza del poder del perdón hasta que leí este libro. Brian Adams vio su ministerio ir de treinta a ochenta por ciento cuando la gente tomó esta revelación. El perdón verdadero es una gran clave para el favor y poder de Dios.

— Sid Roth
Presentador, *It's Supernatural!* [¡Es sobrenatural!]

He tenido el placer de servir como pastor del Dr. Brian Adams desde 1987. Estoy muy contento que haya puesto esta revelación acerca del poder del perdón en formato de libro. He oído decir que "no existen relaciones duraderas sin el poder del perdón", y debo decir que estoy de acuerdo con esa declaración. Vi cómo Brian vive las páginas de su libro y confirma que el poder de la sanidad de Dios se libera en esta revelación. Fui testigo de muchísimos milagros en las congregaciones de "Rock Churches" mientras Brian trabajaba duro para traer salvación, sanidad y aliento al Cuerpo de Cristo. El Dr. Adams es uno de los siervos más fieles, apasionados y trabajadores que conozco en el reino de Dios. Vive para ver libres a los cautivos, sanos a los enfermos, para que los ciegos reciban la vista, los sordos el oír y que los paralíticos caminen. Sé que su vida será bendecida al leer las páginas de este libro. ¡No solo recomiendo la lectura de este libro, sino también el ministerio del Dr. Brian Adams!

— David Chisholm
Doctor de ministerio y pastor principal
The Rock Family Worship Centers
[Centros de Adoración para la Familia La Roca]

Brian Adams ha demostrado mediante su ministerio el poder del perdón que trae sanidad, liberación y restauración a muchos. El Señor dice: "Clama a mí, y yo te responderé, y te enseñaré cosas grandes y ocultas que tú no conoces" (Jer. 33:3). La palabra en hebreo *grande* significa "inaccesible". Lo que Brian Adams ha demostrado mediante su libro *El poder del perdón* es cómo poner la sanidad a su alcance. Brian ha sido testigo del gran poder de Dios. Ha sido testigo de ciegos que ven, sordos que oyen, paralíticos que caminan y ha visto a Jesús sanar todo tipo de enfermedades y dolencias. *El poder del perdón* revela las llaves del Reino que traerán restauración, sanidad y liberación a muchos. Las revelaciones que Dios le dio a Brian producen milagros espirituales, mentales y emocionales, así como sanidades físicas. Por causa de este mensaje relaciones han sido reconciliadas, amistades renovadas, vidas quebrantadas fueron restauradas y matrimonios sanados. Cuando liberamos a otros, a Dios y a nuestros cuerpos, se abre una puerta para que podamos recibir nuestra propia sanidad. Los obstáculos e impedimentos son removidos. A aquellos que quieren ser usados por Dios en una mayor manera para traer sanidad a otros, Brian les ofrece verdades acerca de cómo lograrlo. Si usted es uno de aquellos que le gusta ver a los enfermos sanarse, *El poder del perdón* producirá un dramático aumento en el número de sanidades que verá en su ministerio.

— Pastor Tony Kemp
Tony Kemp Ministries [Ministerios Tony Kemp]

He tenido la oportunidad de conocer al pastor Brian Adams en estos últimos años y oír su testimonio siempre me bendice, porque ministra desde un lugar de espíritu sano y renovado.

Su libro trata con la raíz de la amargura. Cuando la amargura endurece al corazón, lleva a los individuos a creer que están bajo un cielo cerrado. No sienten que sus oraciones o estilo de vida de adoración estén trayendo logros por parte del Padre. No sienten que el cielo les está respondiendo ni les está dando una victoria.

A medida que la amargura se arraiga en las vidas de las personas, estas comienzan a ver enfermedades, dolencias, fobias y temor. Estas son solo algunas de las cosas que Brian trata de manera profunda en este libro.

Sé que a medida que lea este libro podrá nombrar personas contra las que siente amargura o no puede perdonar. Usted será liberado de todos esos años de confinamiento.

El pastor Brian ha visto a incontables personas recibir su milagro cuando sueltan el dolor de la falta de perdón. Sé que a medida que ore las oraciones de salvación y sanidad después de haber leído este libro tendrá su propio testimonio del poder del perdón y de la sanidad.

—Dr. Renny McLean
Global Glory, Inc. [Gloria Global]

La fe mueve a Dios, pero el perdón desata su poder

Por eso siempre trato de hacer lo que creo que es correcto [mortificar mi cuerpo, morir a mis afectos carnales, apetitos corporales y deseos mundanos, esforzándome en todo para tener una consciencia limpia] ante Dios y ante la gente.

Hechos 24:16 PDT

CONTENIDO

Prefacio

Cuando estaba por concluir mi ayuno de cuarenta días, me encontraba orando. El Señor me dijo la siguiente afirmación: *La fe me mueve, pero el perdón desata mi poder.*

Esta breve declaración del Espíritu Santo fue una semilla sobrenatural que, de inmediato, comenzó a arraigarse y crecer en mi espíritu. De manera automática comenzó a crecer y a convertirse en una gran revelación que desde ese entonces hemos visto a hombres, mujeres y niños por igual ser salvados, sanados y liberados. Todo por medio de este poder que se desata cuando perdonamos.

Me quedo admirado y doy toda la gloria al Señor por los miles de sanidades y milagros, alrededor del mundo, que han sucedido con la predicación de esta semilla de fe. Oro para que a medida que lea este libro usted también pueda recibir la sanidad de su cuerpo, mente o alma abatida. Que una sanidad total venga sobre usted y su familia entera.

INTRODUCCIÓN

Qué asombrados hubieron de estar los ángeles ante la creación que observaban. Vieron planetas, estrellas, agujeros negros, universos completos, todos ellos exponiendo la sabiduría, belleza y majestad del Padre celestial. Reconocieron la perfección y hermosura de la tierra, las montañas, los lagos y océanos, los animales y, finalmente, el hombre, esculpido por la propia mano de Dios. Observaron la creación que Él había formado para que le amase, le brinde su compañerismo, le alabe y adore. Todo esto se convirtió en caos, confusión y planetas desalineados. Estaban atestiguando opresión universal, como nunca antes habían visto.

Los ángeles se deben haber preguntado cómo el Creador iba a poder revertir todo esto. El dominio y la autoridad que fueron dados a este hombre creado ahora estaban en las manos de un antiguo amigo, ahora enemigo del cielo, Lucifer. Introdujo, de manera audaz, la semilla de engaño y desobediencia en la perfección de la creación, la cual había nacido en el vientre de su propio corazón años antes. Ezequiel 28:15 dice: "Perfecto eras en todos tus caminos desde el día que fuiste creado, hasta que se halló en ti maldad". Aquí vemos el lugar de nacimiento del pecado, la semilla infecciosa que trajo toda esta separación.

Leemos en Génesis cómo Dios el Padre reunió la corte en el Jardín ese día y juzgó al hombre, la mujer y la serpiente. Para algunos esto pareció severo, echar fuera a los habitantes del Edén con espadas de fuego. Así comenzó el relato de un milagro que Satanás luchó con todo de sí solo para perder una vez más y seguir siendo inferior.

Las Escrituras nos dicen que Cristo fue crucificado antes de la fundación de la tierra. Aquí vemos que antes de que el hombre fuera creado, antes de que la tierra fuese formada, Dios mantuvo, como misterio, la clave de su gran poder el cual, a la hora adecuada, Él enviaría una sustitución por medio de la muerte y resurrección de su Hijo. ¿Cómo se revertiría esta catástrofe galáctica? ¡El Creador enviaría a la humanidad el perdón!

La entrega sobrenatural de su mayor poder nació de su amor; Él los perdonaría. La fe mueve a Dios, pero el perdón desata su poder. Uno no puede estar en harmonía con el Creador sin haber recibido el perdón. Está disponible para el que lo pide; simplemente pida y reciba. Él está haciendo este antídoto, el remedio para la desastrosa plaga llamada pecado, disponible para todos.

Ha comisionado embajadores para que viajen a las cuatro esquinas de la tierra y establezcan en todos lados una estación del Reino, la cual en cierto sentido es una clínica para que la vacuna de la reconciliación con el Padre esté al alcance de todos.

Este antídoto para el pecado comprado por la sangre del Hijo puede quitar esta segunda enfermedad que causa la muerte y dar un sistema inmunológico que permita la vida eterna en el sujeto que se arrepiente de sus pecados y acepta el regalo de la salvación. Dios nos ha perdonado. ¿Acaso la humanidad se tomará en serio el llamado del cielo para caminar nuevamente en su propósito original de ser un hijo? Somos llamados a dar semillas de justicia y a capacitar generaciones a adorar y honrar al Señor nuestro Dios.

Capítulo 1

EN EL PRINCIPIO

Crecí con una amorosa madre cristiana que me enseñó todas las historias de la Biblia y me explicó, hasta cierto punto, la necesidad por Jesús. Por medio del vehículo emocional llamado pubertad, Satanás comenzó a llevarme a la tierra de la auto-gratificación, experimentando con muchas de las cosas que este mundo tenía para ofrecer.

No sabía que una vez que la puerta del pecado se abriera, un vacío espiritual comenzaría a alejarme, más y más, hacia la oscuridad hasta que sentí que ya no había esperanza para nada. Había probado de todo, desde aspirina hasta la heroína, desde el vino al whisky y aventuras sexuales que elijo no explicar en detalle. Traje mucha vergüenza a mi familia como borracho, traficante de drogas, ladrón y estafador. Me había hundido tanto que la única salida que veía era acabar con mi vida.

Nunca me olvidaré el día que fui a una colina para comunicarme con Dios antes de matarme. Clamé a su nombre y Él me presentó una maravillosa manifestación de su gracia que jamás había conocido; una gracia llamada perdón.

Sé que fue Dios que me cautivó en aquella colina; Él sabía que cuando yo clamara a Él, me encaminaría rumbo a mi destino.

Y todo aquel que invocare el nombre del Señor, será salvo (Hechos 2:21).

Las drogas, el alcohol y el sexo no eran mi problema. Era el pecado. Fui separado de Dios; no tenía una relación con Él. Tenía un problema de pecado. Necesitaba nacer de nuevo. Ese día, Dios el Padre desató su perdón desde el cielo, comprado en el Calvario por la sangre de Jesús, para Brian Adams. Ahora perdonado por Dios, abrió la puerta para el poder de la restauración y renovación. Otro hombre más había sido liberado de la atadura de la esclavitud al pecado. ¡Qué gran regocijo hubo en los cielos con los ángeles! (ver Lucas 15:10).

Una vez que se me impartió el perdón, el poder

sobrenatural del cielo, por medio del Espíritu Santo, comenzó a realizar milagros en mi vida.

Ahora había nacido de nuevo. Era salvo. Las cosas viejas habían pasado y estaban muertas. Yo era una nueva criatura en Cristo, algo que antes no existía.

De modo que si alguno está en Cristo, nueva criatura es; las cosas viejas pasaron; he aquí todas son hechas nuevas (2 Corintios 5:17).

Un nuevo odre estaba esperando ser llenado con un vino nuevo del cielo.

Les dijo también una parábola: Nadie corta un pedazo de un vestido nuevo y lo pone en un vestido viejo; pues si lo hace, no solamente rompe el nuevo, sino que el remiendo sacado de él no armoniza con el viejo. Y nadie echa vino nuevo en odres viejos; de otra manera, el vino nuevo romperá los odres y se derramará, y los odres se perderán. Mas el vino nuevo en odres nuevos se ha de echar; y lo uno y lo otro se conservan. Y ninguno que beba del añejo, quiere luego el nuevo; porque dice: El añejo es mejor (Lucas 5:36-39).

Fui llevado, de manera sobrenatural, del reino de las tinieblas a la luz de Dios.

El cual nos ha librado de la potestad de las tinieblas, y trasladado al reino de su amado Hijo (Colosenses 1:13).

Sé que esto suena como ciencia ficción. Hasta que usted no lo experimente, no hay una explicación. Es verdaderamente sobrenatural. Es donde Dios toma su "sobre" y toca su "natural".

- Las cosas se veían más brillantes a mis ojos.

- La tristeza y la depresión se habían ido

- La esperanza y la felicidad que no habían estado allí desde la niñez habían regresado

No merecía, de ninguna manera, lo que recibí aquel día. Fue una clase de principiantes de la gracia y el perdón. Fue en verdad un regalo y ninguna obra puede comprar lo que me sucedió ese día. Ahora estaba por comenzar mi caminar con el Señor.

Por lo cual te digo que sus muchos pecados le son perdonados, porque amó mucho; mas aquel a quien se le perdona poco, poco ama (Lucas 7:47).

Durante tantos años había vivido borracho,

drogado y en el dominio de las tinieblas. Ahora, mis adicciones, deseos lujuriosos incontrolables y temores se habían ido. Mi mente estaba más tranquila de lo que puedo recordar. Esta paz que estaba experimentando inundaba mi alma. Su amor hundía mis temores y por primera vez comencé a darme cuenta que tal vez había un propósito para mí. La vida callejera que había vivido requería paga por cualquier falta. La persona tenía que, de alguna forma, arreglar alguna maldad. Esta era una deuda que uno debía pagar y cuanto más grave la ofensa, mayor era la deuda.

Nuestras mentes carnales incluso tenían algunas ofensas como el homicidio, la violación, el adulterio, etc., como cosas que no podían ser perdonadas. Perdonar era como una señal de debilidad e incluso perdonar significaba que el agresor no había hecho nada malo. Nuestras mentes naturales no pueden comprender que perdonar, en verdad, es uno de los actos más poderosos que un ser humano puede hacer. Le hace caminar en lo sobrenatural, en el dominio de Dios. Muchas personas creen que nacer de nuevo significa que uno se vuelve perfecto. Eso no es así. Significa que uno es perdonado. Uno recibe el perdón del Señor y ahora su poder es liberado para uno, en uno y por medio de uno. Uno en realidad se convierte en una nueva persona en

Cristo; y así como un niño, uno debe aprender a caminar, hablar y pensar esta nueva vida de Dios.

Entrar a su Reino es como entrar a otro país. Uno no comprende las costumbres, el idioma ni las leyes. El reino de las tinieblas y el Reino del Hijo de Dios son tan diferentes como el día y la noche. En los próximos capítulos descubrirá que en el Reino de Dios recibimos el perdón y, por lo tanto, debemos convertirnos en agentes, por así decir, de la distribución de este poder del perdón.

A lo largo del libro verá la frase, "La fe mueve a Dios, pero el perdón desata su poder." Su poder es su Espíritu, su Espíritu se llama la unción, y su unción es lo que le libera.

Acontecerá en aquel tiempo que su carga será quitada de tu hombro, y su yugo de tu cerviz, y el yugo se pudrirá a causa de la unción (Isaías 10:27).

La gente está cautiva y esclavizada por las decisiones que tomaron. Las acciones que siguen a esas decisiones le abren puertas al enemigo. Una vez que él construye una fortaleza, no hay escapatoria a no ser que nos arrepintamos y entremos en la presencia de Dios, y entonces así recibimos el perdón el cual desata su poder/unción. Su unción desatada destruye las fortalezas construidas por el diablo.

Cuando el hombre fuerte armado guarda su palacio, en paz está lo que posee. Pero cuando viene otro más fuerte que él y le vence, le quita todas sus armas en que confiaba, y reparte el botín (Lucas 11:21-22).

Ungido para restaurar

Descubrí en estos veinticinco años de caminar con el Señor que la mayor unción de Dios es la unción del perdón y la restauración. La Palabra de Dios nos dice que nosotros, lo humanos, pensamos completamente distinto a Dios. No le entendemos ni entendemos sus caminos.

Pero el hombre natural no percibe las cosas que son del Espíritu de Dios, porque para él son locura, y no las puede entender, porque se han de discernir espiritualmente (1 Corintios 2:14).

Se necesita que el Señor nos abra el entendimiento para que podamos comprender la Palabra. "Entonces les abrió el entendimiento, para que comprendiesen las Escrituras" (Lucas 24:45).

Oro en el nombre de Jesús que el Señor Jesucristo pueda abrirle su entendimiento de las Escrituras y su voluntad para que usted pueda perdonar y así recibir su perdón en cada ámbito de su vida. Debemos perdonar a otros, a nosotros mismos, e incluso a Dios, no importan qué tan grande o pequeña sea la ofensa. Oro para que usted pueda soltar eso y su pasado. Mucha gente declara "Yo perdono, pero no me olvido". Tal vez usted mismo haya dicho eso antes. Ambos sabemos que eso no está bien.

El amor humano tiene condiciones. Tienes que hacer ciertas cosas, reunir ciertos estándares y pagar deudas. El amor de Dios es incondicional. Perdona, libra de deudas y olvida. La Biblia nos dice que cuando Dios nos perdona, Él también separa nuestro pecado tan lejos como el este está del oeste. También tenemos que perdonar y separar la ofensa de la persona. Puede que se necesite que nos recordemos varias veces que hemos decidido perdonar y librar al individuo de su culpa contra nosotros. Tenemos que llevar nuestros pensamientos cautivos a diario. Debemos tomar nuestra cruz cada día y seguirle a Él.

Dios nos perdonó en nombre de Cristo cuando aún éramos pecadores. Permítame decirlo de esta manera. Cuando estábamos aún equivocados e incapaces de perdonar nuestra deuda que nos libraría de nuestra prisión de pecado, Él pagó una deuda que Él no debía. Nosotros debíamos una deuda que no podíamos pagar. ¡Alabado sea Dios! Él hizo esto por ti y por mí. ¿Ha recibido su regalo del perdón? Si recibió su perdón gratuitamente de Dios, ¿por qué trata de cobrarles a los otros por ellos?

En este Reino hay distintas reglas, regulaciones y principios por los cuales debemos vivir. Debemos permitirnos comenzar a vivir a la manera de Dios, su forma de pensar y actuar. Él quiere enseñarnos a jugar bien con los demás, por así decir. Recuerdo que alguien una vez dijo: "¿Acaso podemos todos llevarnos bien?".

Recuerde que el diablo sustrae y divide. Miente, roba y mata.

El ladrón no viene sino para hurtar y matar y destruir; yo he venido para que tengan vida, y para que la tengan en abundancia (Juan 10:10).

Él quiere que usted se convierta en un rompe pactos como él. Si se infecta con la falta de perdón, será atormentado y andará con odio. La amargura, la enfermedad y las debilidades tomarán el control de las relaciones, matrimonios y otros.

Tome la decisión de tener la mente abierta y permitir que el Espíritu Santo le revele el poder de Dios que puede ser desatado por medio del perdón. *La fe mueve a Dios, pero el perdón desata su poder.*

A lo largo de los años he visto a personas justificar su caminar en ira, enojo y falta de perdón. Culpan a la cultura o a su raza. Le echan la culpa a cosas que sucedieron muchos años antes de que nacieran. Yo tengo descendencia irlandesa. Podría decir, "Bueno, sabe, los irlandeses tenemos un temperamento fuerte". Podría usarlo como excusa para mis explosiones de ira y nunca tratar el asunto.

En el Espíritu, no hay masculino ni femenino, judío ni griego, blanco ni negro. La Palabra de Dios, si se lee y aplica, quitará todas las excusas, razones o derechos para aferrarse a la falta de perdón.

La falta de perdón es un pecado. Juan el bautista predicaba: *"Arrepentíos, porque el reino de los cielos se ha acercado"* (Mateo 3:2). La falta de perdón:

- Bloquea la sanidad

- Impide que usted sea perdonado

- Evita que sus oraciones sean respondidas

- Impide que su ofrenda sea aceptada por Dios

- Abre puertas al enemigo para que este le oprima

- Desata espíritus atormentadores sobre su cuerpo y mente

Por el amor de Dios, arrepiéntase, perdone y reciba el perdón y la liberación absoluta.

La falta de perdón bloquea la sanidad

El mismo espíritu que perdona también sana. Por lo tanto, si la Palabra nos dice que si no perdonamos, no vamos a ser perdonados, entonces si no perdonamos, no podemos ser sanados. He visto cientos de personas que dicen que han orado muchas veces sin obtener resultados y luego hemos orado y perdonado a personas de su pasado. Ahora, estas eran personas que ya creían haber perdonado. Aparentemente habían perdonado con sus labios, no con sus corazones. Comenzaban a llorar, arrepentirse, perdonar y liberar a la gente de tener que hacer las paces antes de que le pudieran perdonar.

Recuerde que cuando Dios nos perdona, todo es quitado, todo es separado tan lejos como están el este del oeste. Se requiere del amor de Dios para hacer esto. Una vez que en verdad perdonaron, oramos nuevamente por sanidad y fueron sanados en el nombre de Jesús. Ahora podemos hacer el bien y poner en práctica buenos principios, pero practicar los buenos principios apartados de Dios no es suficiente. Su Palabra nos dice: "...*No con ejército, ni con fuerza, sino con mi Espíritu, ha dicho Jehová de los ejércitos*" (Zacarías 4:6).

Si pudiéramos salvarnos a nosotros mismos, no hubiese habido necesidad de que Cristo muriera en el Calvario. Sin su muerte, no hay resurrección, ni tampoco tendríamos que arrepentirnos ante Él. Pero sabemos que esto no es así y que necesitamos la sangre de Jesús. No hay perdón de pecados sin el derramamiento de sangre. Debemos nacer de nuevo para entrar en el Reino. Para nacer de nuevo se necesita un acto sobrenatural de poder de Dios. El poder de Dios es liberado cuando el verdadero y genuino arrepentimiento ocurre. *La fe mueve a Dios, pero el perdón desata su poder.*

El estado en el que se encuentra el hombre antes de nacer de nuevo es un estado de muerte espiritual, de separación eterna de Dios. Los yugos demoníacos nos atan. El espíritu de este mundo nos tiene cegados para que no veamos que necesitamos ayuda. El perdón desata el poder de Dios, que es su Espíritu Santo, el cual es la unción, la única en la tierra capaz de destruir todo yugo. Necesitamos de Dios. Fuimos creados para ser perdonados y tener comunión con Él. Fuimos creados para tener comunión unos con otros. El diablo sustrae por medio de la división. Trae ofensas, amargura y odio en los matrimonios, entre hermanos y hermanas, entre culturas, razas y naciones.

El pecado es devastador. El pecado de un hombre (Adán) trajo la muerte al mundo, tanto espiritual como físico. La paga del pecado es muerte. ¿Cuánta devastación continuó trayendo todo el pecado de la gente desde aquel entonces? Todas nuestras buenas obras son como trapos sucios. Todos pecamos y fuimos destituidos de la gloria de Dios. La verdadera justicia de Él puede ser impartida por fe, solo después de que somos perdonados.

Hay una vieja canción que solíamos cantar y dice algo así: "Abre los ojos mi Cristo, los ojos de mi corazón". Verdaderamente cada hombre, mujer y niño necesitan abrir los ojos para ver la condición de su corazón. No solo la gente perdida, sino aquellos que nacieron de nuevo y cayeron víctimas de la falta de perdón. Recuerde que si no perdona, no será perdonado. Supongamos que usted naciera de nuevo. Todo parece ir bien por los primeros años. Luego alguien le ofende. Usted ahora no puede perdonar a la persona. Pasan veinte años y usted simplemente borró esa ofensa de su mente. Ahora, cada vez que usted pecó o falló durante esos veinte años e hizo la oración de 1 Juan 1:9, usted no fue perdonado porque no lidió con esa vieja ofensa. Usted cree estar a cuentas con Dios, pero la enfermedad y contaminación, así como una doble moral reinan en su vida.

Usted intenta orar, pero no funciona. Eventualmente, deja de orar y busca la ayuda del hombre por medio de la medicina y la consejería. Su fe ahora se encuentra en el ámbito natural y en usted mismo. Usted ya no busca de Dios y ni siquiera sabe qué sucedió.

Si se mantiene en la Iglesia, es por un simple hábito religioso. Usted ya no testifica ni invita personas a la iglesia, ni hay felicidad en su corazón. Una oscura nube de depresión cubre su vida y le sigue dondequiera que va. En vez de brindar vida y gozo, usted reproduce oscuridad y depresión. El diablo le tiene justo donde él quiere. Usted se convierte en un cristiano impotente que ya ni cree. Es como si Satanás hubiese tomado un control remoto y le hubiese puesto en pausa.

Usted se siente miserable, atormentado por espíritus de dolencia, depresión y miedo. Solo hay una salida: perdonar a aquellas personas que le lastimaron, no es solo perdonarlas sino también librarlas de cualquier obligación de tener que enmendar cualquier acción errónea. Esta es la manera de Dios, y cuando usted así lo hace el derecho legal del diablo para oprimirle desaparece. Usted ahora mismo puede recibir el poder de Dios y ser librado en el nombre de Jesús.

Creo que después que haya leído este libro, si hace lo que Dios me mostró, usted también será perdonado, sanado y liberado en su espíritu, alma y cuerpo. Desato mi fe en Dios para que sea perdonado y para que el poder de Dios sea desatado en y sobre su vida.

Después de recibir esta revelación del cielo, la puse primeramente en acción en mi vida. Luego comencé a compartirla con otros y he visto no solo a cientos, sino a miles ser liberados por el poder de Dios. Compartí este mensaje en África, Nicaragua, Costa Rica, Honduras y en múltiples reservas indígenas. He predicado este mensaje del perdón a lo largo de los Estados Unidos y en programas de televisión que han alcanzado a millones de hogares. Uno de nuestros programas está en el aire en Karachi, Paquistán. Musulmanes e hindúes están siendo liberados por el poder de Dios. Gracias Jesús. Creo que si soy fiel para continuar llevando este mensaje, muchas puertas se abrirán.

A lo largo de los años aprendí que tenemos una relación personal con el Señor así como una relación corporativa con el Cuerpo de Cristo. El diablo no solo intenta causarnos problemas en la iglesia, sino también en nuestra relación personal con Dios. A través de los años me he reunido y orado con cientos de personas que han estado enojadas con Dios por varias razones: la muerte de un ser querido, oraciones no contestadas, familiares inconversos y matrimonios rotos son solo algunas que puedo mencionar. Muchas veces Dios es culpado por nuestros errores. Pero no debemos olvidarnos que las Escrituras nos dicen: *"No os engañéis; Dios no puede ser burlado: pues todo lo que el hombre sembrare, eso también segará"* (Gálatas 6:7).

Si no perdonamos, no podremos ser perdonados. No podremos ser sanados. No podremos ser liberados. También dificulta nuestra vida de oración y adoración. Incluso ataca nuestras ofrendas y vida financiera.

Amor, no rendimiento

Nunca me voy a olvidar del día que mi esposa regresó de una clase de capacitación a la que asistió con su empleador. Comenzó a explicarme un comentario que el instructor había hecho. Esta simple frase me ha ayudado a cambiar mi vida. Ella me compartió esta afirmación: "Reduce tu nivel de expectativa de la gente y tu nivel de estrés se reducirá". Esto no significa que uno deba reducir los estándares morales o las expectativas de uno mismo o de las personas alrededor. Pero deje de esperar que ellos rindan al alto nivel que uno espera de todos. Cuando la gente no rinde o actúa de la manera que esperamos que actúe nos ofendemos. Entonces ahí entramos en el "problema del rendimiento". Haz las cosas a mi manera o tomo mi bate y mi guante y me voy a casa. ¿Ahora se acuerda de ese muchachito de su vecindario?

Para poder perdonar y soltar algo debemos reducir el nivel de expectativa. Debemos tener el mismo nivel de gracia y paciencia que deseamos recibir de Dios. Creo que muchos de los problemas del mundo se solucionarían si obedeciéramos la Palabra de Dios. Él nos dice que amemos y perdonemos. Él sabe que nuestro andar en la falta de perdón es simplemente una trampa mortífera que el diablo usa como impedimento y para detenernos de nuestro llamado del Reino. Dios sabe que el diablo usará esto para abrirle la puerta para que nos atormente día y noche, noche y día.

Cuando el gigante desafiaba al ejército de Israel se acercaba temprano por las mañanas para hacer sus amenazas y traer temor (tormento) a los soldados para que comenzaran su día con temor y atormentados, arruinando su día. Luego volvía justo antes del anochecer a desafiarlos nuevamente. De esta manera, sus noches también eran atormentadas. Ellos perdían el sueño y tenían miedo y esto les agotaba, día y noche (vea 1 Samuel 17:16).

El enemigo quiere privarnos de nuestro sueño y que comamos mal. Quiere que caminemos en temor, ansiedad, enojo e ira. Él sabe que fuimos creados para caminar en amor, paz y rectitud. Su táctica es descomponer nuestro sistema inmunológico y debilitar nuestros cuerpos y almas. Al hacer esto nos llenamos de temor en vez de fe. Sin fe no podemos andar en el Espíritu. Caminar en el Espíritu es la única forma de poder escapar el tener que satisfacer los deseos de la carne.

Nacemos con una naturaleza pecaminosa, por lo tanto solo podemos esperar que los pecadores pequen. Nacemos así a raíz del pecado de Adán. El diablo quiere mantenernos así, pero Cristo murió para que volviéramos a nacer. Si somos redimimos por la sangre del Cordero el precio fue pagado. Podemos ser libres de la esclavitud al pecado. Si el diablo nos puede mantener enojados, tristes y deprimidos nos está llevando de regreso a nuestra naturaleza pecaminosa. Arrepiéntase y camine en el Espíritu.

No solo podemos hacer esto sino que fuimos investidos para hacerlo. Cuando fuimos salvados recibimos el perdón. Creo que recibimos más de lo que necesitábamos. Use ese exceso para perdonar a otros. No permita ser cegado ni engañado por el diablo.

Permita que el amor y el perdón le abran los ojos de su corazón para poder ver la gran cosecha que tenemos delante de nosotros. Todos podemos tener rol si recibimos y brindamos perdón.

¡Aguarde un momento! Llegué al final de este primer capítulo y aún no le he dado algunas definiciones de las palabras *perdón, perdonado* y *perdonar*. Le voy a enseñar algo. Quiero, por decirlo de alguna manera, que los dos estemos en la misma página.

Perdonar (según algunos diccionarios) significa:

- Eximir de falta u ofensa

- Renunciar al enojo o resentimiento

- Absolver de pago (deuda por ejemplo)

- Abstenerse de culpar o castigar a un ofensor o demandar satisfacción por una ofensa

- Exceptuar a alguien sin guardarle resentimiento. *Perdón*, implica la habilidad de remitir la ofensa. Exceptuar es pasar por alto la ofensa sin demandar castigo.

- Dejar de culpar a sostener resentimiento

- Librar de obligación

- Dejar de acusar

- Disculpar o pasar por alto

- No tener malicia ni tener nada en contra de nadie

La fe mueve a Dios, pero el perdón desata su poder.

Capítulo 2

CEGADO POR LA LUCHA

Satanás fue expulsado del cielo y el dominio en la tierra fue robado de la humanidad. El eco de la voz de Dios diciendo que la creación era buena pareciera haber desvanecido hace mucho. Muchas cosas han sucedido desde entonces y en lo natural pareciera no haber esperanza ni cura.

Cuando parezca que Satanás tiene las de ganar en lo natural quiero asegurarle que Dios está en control, tanto en lo que se ve como en lo que no se ve. Hay mucho más obrando por usted que en contra suyo.

Las primeras etapas para convertirnos en un hijo exitoso en el Reino es educarnos más en los caminos de Dios y en las maneras en las que los espíritus actúan en nuestra contra. Pude descubrir, mediante largas horas en líneas de oración y sesiones de consejería, que la gente quiere obedecer la Palabra de Dios y perdonar, pero dicen que las acciones de las personas son intolerables. Que fueron premeditadas.

Voy a comenzar con esta declaración. Lo que la gente percibe es lo que considera como su realidad. Esto significa que no importa cuán malas sean las cosas que la gente dice o hace, la decisión fue hecha en su cabeza y justificada en el corazón. El enemigo ciega a la gente y luego los usa como marionetas. La gente se convierte en marionetas y él en su dueño. Si ellos creen que usted dijo o quiso insinuar algo, entonces eso hará que ellos hagan lo que hacen. Usted tal vez no haya dicho ni hecho nada. Tal vez ni siquiera estaba en la ciudad cuando esto sucedió. Las acusaciones falsas es una de las armas favoritas de Satanás.

La gente confunde sus percepciones con la realidad, incluso cuando están equivocados, y tomarán decisiones de su realidad aún cuando sus percepciones están torcidas. Si la gente supiera cuando está siendo engañada, entonces no sería engañada. Satanás cegó a la gente del mundo para que no vean su necesidad de Cristo, la Iglesia, la Palabra, o cualquier cosa del cielo.

. . . el dios de este siglo cegó el entendimiento de los incrédulos, para que no les resplandezca la luz del evangelio de la gloria de Cristo, el cual es la imagen de Dios (2 Corintios 4:4).

Actuamos sorprendidos cuanto alguien cercano a nosotros nos lastima. ¿Quién esperas que te lastime? ¿Alguien lejano? ¿Alguien que no conoces? El enemigo quiere usar a la gente que más conoces y en la más confías para acercarse a ti y lastimarte. Espero que al leer este libro usted sea informado, educado e inspirado a perdonar y a pedir el perdón de Dios de parte de ellos. Estas ofensas, estas tribulaciones que vienen contra usted es lo que el apóstol Pablo declara dardos encendidos. Se supone que debemos usar nuestro escudo de la fe para apagar, extinguir e impedir que hagan daño. Debemos orar y esperar lo mejor, prepararnos para tratar con lo peor y siempre regocijarnos con las victorias de nuestros hermanos y hermanas.

La gente, dentro y fuera de la iglesia, ha sido afectada por esta lucha cósmica entre Dios el Padre y dos tercios de los ángeles contra Satanás y su tercio. Satanás fue expulsado del cielo. En el siguiente versículo vemos exactamente lo que le sucedió a Lucifer.

Y les dijo: Yo veía a Satanás caer del cielo como

un rayo. He aquí os doy potestad de hollar serpientes y escorpiones, y sobre toda fuerza del enemigo, y nada os dañará (Lucas 10:18-19).

Entonces Satanás vino a la tierra para continuar su guerra contra Dios el Padre atacando a sus hijos. Debemos saber que Cristo derrotó al diablo en el Calvario y nos dio la autoridad y poder sobre él. Ahora mismo tenemos poder sobre él, pero si creemos que es la gente la que lucha contra nosotros entonces no vamos a luchar contra el diablo en el espíritu.

Leamos nuevamente el versículo 19. *"He aquí os doy potestad de hollar serpientes y escorpiones, y sobre toda fuerza del enemigo, y nada os dañará"*. Es más fácil decirlo que hacerlo, más fácil predicarlo que practicarlo, el perdonar y luego orar por la gente. Oro para que sus ojos se abran y vea las artimañas del diablo contra usted, y que busque y encuentre en las Escrituras la autoridad y el poder que el Señor nos ha dado.

Nuestra gran comisión es ir y predicar a Cristo crucificado y resucitado y cosechar las almas para el Reino de Dios. Las ofensas y la falta de perdón son impedimentos para que no completemos esa comisión. He visto caer a tanta gente ungida, y ser removidos de la carrera porque se enredaron en la falta de perdón.

Porque no tenemos lucha contra sangre y carne, sino contra principados, contra potestades, contra los gobernadores de las tinieblas de este siglo, contra huestes espirituales de maldad en las regiones celestes (Efesios 6:12).

Vemos aquí quién es nuestro verdadero enemigo. Sí, nos usan unos contra otros, ofensa tras ofensa. Nuestra única defensa es el conocimiento de este hecho y la cura inmediata es perdonar desde la cruz. Que no haya tiempo para que la ofensa eche raíces.

Ahora que sus ojos fueron abiertos a este ámbito de la guerra espiritual, no solo prepárese para perdonar, sino también esté vigilante de no ser cegado nuevamente y ser usado como marioneta en esta batalla de unos contra otros. Mi fe es que la gente sea liberada leyendo este libro y que puedan liberar a otros. Sí, la gente está siendo manipulada, pero ahora hemos aprendido a perdonarlos y tenemos esta mentalidad de que no saben por qué o hacen. Sus ofensas vinieron a usted como una guerra demoníaca para quitarle la vista de su llamado y propósito. Si la gente en verdad cree que son hijos e hijas de Dios y que somos llamados a trabajar juntos y guardarnos de ser usados por el diablo, las cosas comenzarán a trabajar mejor en el Reino. Esparzamos, juntos, esta revelación de amor, risa y perdón, y pronto veremos al diablo derrotado en las vidas de nuestros familiares y amigos.

Hay otros combustibles que el diablo usa, así como el odio hacia las razas, culturas, clases sociales, poner a los ricos en contra de los pobres, o a los educados en contra de los analfabetos. Hay un viejo dicho, "Los árboles no te dejan ver el bosque". Cuando usted se involucra en un asunto de manera personal puede ser cegado por su participación emocional.

Una mujer puede tener una mala relación con un hombre y no solo no poder perdonarlo sino también llegar a sentir odio hacia todos los hombres, mostrando su falta de perdón hacia todos ellos. Esto también puede sucederle a un hombre que estuvo en una mala relación con una mujer. No importa cuál sea el objeto de nuestra falta de perdón u odio, si no lo tratamos y nos arrepentimos terminaremos cegados por la lucha y pasaremos esta vida atados a los atormentadores. Terminaremos en una postura de haber fallado a la hora de realizar el llamado de Dios para nuestras vidas.

Deberes divinos

Hay un cierto número de almas atado al llamado de todos. El diablo no solo desea atormentar a los hijos de Dios en un esfuerzo de vengarse de Él, sino que también quiere robarnos nuestra identidad y atarnos. Si miramos las cosas con los ojos del dolor y la falta de perdón no podemos ver el deber del cielo para nuestras vidas. ¡Almas, almas, almas! Yo estoy muy contento que alguien completó su deber en mí. ¿Qué deber? Me alegra que me lo pregunte.

Creo que todos somos llamados a orar, testificar e interceder por las personas. Alguien fue asignado a orar, ayunar y testificarme del amor de Dios, su palabra y poder en mí. Así como otros, mis ojos estaban cegados. Dios tenía gente especial que me amaba lo suficiente como para pararse en la brecha e interceder por mí, remitir mis pecados y luego pedirle a Dios que me perdonara porque verdaderamente yo no sabía lo que hacía. Agradezco a Dios por esas personas. Doy gracias a Dios por el perdón.

Si estamos distraídos, dolidos o abatidos no somos de gran ayuda en el Reino. Una vez que fuimos lastimados hay mayor probabilidad de que lastimemos a otros en vez de ayudarles. Las Escrituras nos dicen: *"Un poco de levadura leuda toda la masa"* (Gálatas 5:9). Una vez que nuestra actitud es la errónea y somos cegados de nuestra identidad, propósito y llamado, propagaremos la ceguera.

El diablo, ese ser invisible, nos hace creer de manera muy astuta que son las personas las que nos causan todos los problemas. Jesús tenía comprensión espiritual, discernimiento y dijo, *"Padre, perdónalos, porque no saben lo que hacen"* (Lucas 23:34). Entretanto, nosotros estamos sentados en nuestra autolástima llorando por qué es que alguien que dice amarme puede hacerme algo así.

Lástima, pena y dolor por causa del rechazo nos debilitan y hacen que nos encerremos en la cueva de la carne. Evitan muy eficazmente que caminemos en el Espíritu de Dios. Si llevamos adelante la vida separados del Espíritu, entonces siempre estaremos cegados.

"Cegado por la luz" fue el grito de Pablo camino a Damasco. Fue cegado por hacer las cosas mal. Él se volvió a Cristo. Nosotros, sin embargo, nos "cegamos por la lucha". Los dardos encendidos que se supone debemos estar apagando con el escudo de la fe son los que eficazmente nos ciegan y hacen entrar en la lucha de carne contra carne.

Porque no tenemos lucha contra sangre y carne, sino contra principados, contra potestades, contra los gobernadores de las tinieblas de este siglo, contra huestes espirituales de maldad en las regiones celestes (Efesios 6:12).

El que dice que está en la luz, y aborrece a su hermano, está todavía en tinieblas. El que ama a su hermano, permanece en la luz, y en él no hay tropiezo. Pero el que aborrece a su hermano está en tinieblas, y anda en tinieblas, y no sabe a dónde va, porque las tinieblas le han cegado los ojos (1 Juan 2:9-11).

¿Cuántas veces se nos debe recordar que no luchamos contra carne ni sangre? Nosotros, según la Biblia, luchamos contra espíritus demoníacos.

La trampa en la que caemos cuando somos cegados por el odio y la falta de perdón es que todos tienen influencia sobre alguien. Muchas veces están aquellos que tienen un gran ámbito de influencia. Terminamos con el ciego guiando al ciego.

Cuando la oscuridad nos ciega, meditamos y nos convertimos en lo que vemos. Recuerde, el ojo es el espejo de nuestras almas. Si somos ciegos de espíritu y alma, entonces la oscuridad llenará nuestros corazones.

Cuando lo que vemos y sentimos es lo que pensamos, a la larga nos convertimos en lo que decimos. Somos llamados a ser sacerdotes de Dios. Sí, todos nosotros somos llamados a orar, declarar bendiciones y compartir el Evangelio del perdón. Cuando la oscuridad nos ciega, nuestras palabras se vuelven demoníacas y en vez de bendecir maldecimos.

"La muerte y la vida están en poder de la lengua, Y el que la ama comerá de sus frutos" (Proverbios 18:21). La Escritura nuevamente confirma que nuestras palabras son semillas, y que crecerán y nos darán una cosecha. Los frutos llegarán, positivos o negativos. Lo que cosechamos vuelve. El diablo comprende cómo funciona el ámbito espiritual y el natural. Por eso hace lo que hace. Quiere que siembre en lo carnal. Quiere que usted peque. Esto es lo que sucede cuando usted peca: *"No os engañéis; Dios no puede ser burlado: pues todo lo que el hombre sembrare, eso también segará"* (Gálatas 6:7). El enemigo quiere que usted hable palabras negativas, de odio y rencor y que sus acciones sigan esas palabras para que coseche eso mismo.

Se trata de Jesús

Lea el siguiente versículo para ver otro principio espiritual.

Porque el que siembra para su carne, de la carne segará corrupción; mas el que siembra para el Espíritu, del Espíritu segará vida eterna (Gálatas 6:8).

¿Recuerda cuando Pedro caminaba sobre el agua? Le fue bien mientras mantenía los ojos en Jesús, pero la tormenta hizo que perdiera el enfoque. Las tormentas que el enemigo utiliza nos ciegan de nuestro propósito, de la razón de nuestra existencia. Quitamos la vista de Jesús y la ponemos en nosotros mismos. El minuto en que nos convertimos en egoístas y ponemos los ojos sobre nosotros mismos, nos cegamos por la lucha.

No sé de qué otra forma decirlo, pero no se trata de nosotros. Tenemos que quitar todo el odio, la amargura, la envidia y conflictos fuera de nuestras vidas y permitir que el amor de Dios se derrame sobre nuestros corazones.

La división, los conflictos, el odio y la falta de perdón son cortinas de humo que el enemigo usa para que perdamos el enfoque de lo que debe ser nuestra primordial prioridad, la Gran Comisión. Si no caminamos en amor sobrenatural con nuestros hermanos y hermanas, entones la habilidad de sacrificar nuestras vidas, tomar la cruz y declarar el Evangelio del perdón es imposible. Nuestra naturaleza caída es egoísta. Aquí en los Estados Unidos nos enfocamos en realizar el sueño estadounidense en vez de enfocarnos en edificar el Reino y salvar las almas perdidas por medio del mensaje del perdón, olvido y amor.

La Palabra nos dice que cualquier cosa que no es fe es pecado (vea Romanos 14:23). Romanos 6:23 dice: *"Porque la paga del pecado es muerte, mas la dádiva de Dios es vida eterna en Cristo Jesús Señor nuestro"*. Sí, verdaderamente existe una batalla entre los cielos y la tierra, entre el bien y el mal. El ámbito natural lucha contra el espiritual. Cuando no estamos seguros de quién es nuestro enemigo, la Iglesia experimenta lo que se llama un fuego amigable. Cientos y miles son heridos en las iglesias, ofendidos por sus hermanos y hermanas, esposos y esposas.

Tristemente, se ha convertido en un ciclo sin fin que se ha pasado de una generación a otra. La gente se va de la iglesia, dolida, triste y con odio, llena de falta de perdón, volviéndose ciega en esta lucha eterna por las almas. La gente lastimada lastima a otra gente, la gente abusada abusa de otra gente, la gente maltratada maltrata a otra gente. Continúa así porque es la única manera en la que los espíritus se reproducen en los demás. Causan situaciones traumáticas las cuales causan odio y falta de perdón, y las víctimas están ciegas a la verdad. Deambulando en oscuridad, son una presa fácil para que Satanás oprima y atormente con fobias, miedos y, eventualmente, la muerte.

Dicen que cuando una persona es ciega los otros sentidos se agudizan. Tal vez sea verdad en el ámbito natural, pero en lo espiritual los oídos de las personas se ensordecen para con Dios. Sus corazones se endurecen y continúan ciegos ante la manera en que Dios sana y restaura.

¿Cuál es esa manera, pregunta? *La fe mueve a Dios, ¡pero el perdón desata su poder!* El perdón es una de las llaves del Reino. Abrirá las cadenas que sostienen cautivos a los atormentados y los librará. Debemos perdonar a todo aquel que nos ofendió y lastimó, perdonarnos a nosotros mismos por nuestras fallas y malas decisiones, e incluso perdonar a Dios si tenemos algo contra Él. Entonces así podremos estar delante de Él y pedirle que Él nos perdone. Hemos sembrado el perdón, soltado nuestro pasado y ahora cuando Dios nos da el perdón su poder es desatado para redimir, sanar, salvar y librar a los cautivos.

A esta altura debería usted estar de acuerdo que estamos en guerra. Oro para que lo que aprende en este libro comience a enseñarle las artimañas del diablo. Estas enseñanzas revelarán sus métodos y su locura. Él odia a cualquiera que tiene la capacidad de convertirse en un hijo o una hija de Dios. Odia haber sido derrotado y que la autoridad haya sido entregada, nuevamente, a la humanidad. Jesús nos llamó la luz del mundo brillando en la oscuridad (vea Mateo 5:14). Vemos y sabemos que Satanás ha cegado los ojos de las personas haciendo que odien y cultiven la falta de perdón. Ahora nuestra tarea es orar por estas personas para que el dios de este mundo suelte sus cadenas y que sus ojos puedan ver y sus oídos oír.

Comencemos a interceder y a pedirle a Dios que los perdone, porque no saben lo que hacen. Están ciegos y tropezando en la oscuridad. Cuando el apóstol Pablo experimentó esa caída y conoció a Jesús camino a Damasco, Jesús le dijo que Él lo enviaría para que fuese un abridor de ojos:

Pero levántate, y ponte sobre tus pies; porque para esto he aparecido a ti, para ponerte por ministro y testigo de las cosas que has visto, y de aquellas en que me apareceré a ti, librándote de tu pueblo, y de los gentiles, a quienes ahora te envío, para que abras sus ojos, para que se conviertan de las tinieblas a la luz, y de la potestad de Satanás a Dios; para que reciban, por la fe que es en mí, perdón de pecados y herencia entre los santificados (Hechos 26:16-18).

El gran propósito es que la gente salga del dominio del diablo y entre al poder y la luz de Dios para que reciban el perdón de sus pecados. Entonces así el poder de Dios puede ser desatado para obrar el mayor de los milagros, convirtiendo a un pecador en un santo.

Recuerde, debemos estar conectados con el cielo y convertirnos en distribuidores del perdón. He descubierto que se necesita mucha oración hacia arriba, pidiendo e intercediendo, antes de que la gente sea salvada. Sigamos orando que Dios perdone gente. Veamos la oración que Pablo oró en Efesios:

Para que el Dios de nuestro Señor Jesucristo, el Padre de gloria, os dé espíritu de sabiduría y de revelación en el conocimiento de él, alumbrando los ojos de vuestro entendimiento, para que sepáis cuál es la esperanza a que él os ha llamado, y cuáles las riquezas de la gloria de su herencia en los santos, y cuál la supereminente grandeza de su poder para con nosotros los que creemos, según la operación del poder de su fuerza, la cual operó en Cristo, resucitándole de los muertos y sentándole a su diestra en los lugares celestiales, sobre todo principado y autoridad y poder y señorío, y sobre todo nombre que se nombra, no sólo en este siglo, sino también en el venidero; y sometió todas las cosas bajo sus pies, y lo dio por cabeza sobre todas las cosas a la iglesia, la cual es su cuerpo, la plenitud de Aquel que todo lo llena en todo (Efesios 1:17-23).

Recuerdo una canción que solíamos cantar llamada "Abre los ojos de mi corazón, Señor". La letra decía: "Abre los ojos mi Cristo, los ojos de mi corazón. Déjame verte". La Biblia nos dice que cuando veamos a Cristo, seremos como Él (vea 1 Juan 3:2). Oro por aquel día.

Prepárese

No sé de dónde sacamos la idea de que porque estamos en el Cuerpo de Cristo se supone que todo va a estar bien y que no habrá problemas. Vemos claramente que aquellos que le servían eran golpeados, encerrados en la prisión, echados en pozos, lanzados a hornos ardientes o fosas de leones, naufragaban y mucho más. Si cualquiera de esas cosas nos sucediera hoy día estaríamos ofendidos con los líderes de nuestra iglesia y con Dios. Es exactamente así como el diablo nos ofende, nos amarga y llena de odio y, eventualmente, nos ciega para que no hagamos ningún bien en el Cuerpo y para ubicarnos con nuestras familias en una atmósfera de tormento y confesión.

¿Qué dice la Biblia acerca de ser lastimados? Primera de Corintios dice:

¿Osa alguno de vosotros, cuando tiene algo contra otro, ir a juicio delante de los injustos, y no delante de los santos? ¿O no sabéis que los santos han de juzgar al mundo? Y si el mundo ha de ser juzgado por vosotros, ¿sois indignos de juzgar cosas muy pequeñas? ¿O no sabéis que hemos de juzgar a los ángeles? ¿Cuánto más las cosas de esta vida? Si, pues, tenéis juicios sobre cosas de esta vida, ¿ponéis para juzgar a los que son de menor estima en la iglesia? Para avergonzaros lo digo. ¿Pues qué, no hay entre vosotros sabio, ni aun uno, que pueda juzgar entre sus hermanos, sino que el hermano con el hermano pleitea en juicio, y esto ante los incrédulos? Así que, por cierto es ya una falta en vosotros que tengáis pleitos entre vosotros mismos. ¿Por qué no sufrís más bien el agravio? ¿Por qué no sufrís más bien el ser defraudados? Pero vosotros cometéis el agravio,

y defraudáis, y esto a los hermanos (1 Corintios 6:1-8).

Esta Escritura me suena que para cumplir la Palabra de Dios necesitamos el amor sobrenatural de Dios para distribuir el perdón y continuar pidiendo y recibiendo el perdón. La Palabra de Dios tiene mucho más que decir acerca de la manera apropiada en que debemos responder para no ser cegados en la lucha.

Bendecid a los que os persiguen; bendecid, y no maldigáis. Gozaos con los que se gozan; llorad con los que lloran. Unánimes entre vosotros; no altivos, sino asociándoos con los humildes. No seáis sabios en vuestra propia opinión. No paguéis a nadie mal por mal; procurad lo bueno delante de todos los hombres. Si es posible, en cuanto dependa de vosotros, estad en paz con todos los hombres. No os venguéis vosotros mismos, amados míos, sino dejad lugar a la ira de Dios; porque escrito está: Mía es la venganza, yo pagaré, dice el Señor. Así que, si tu enemigo tuviere hambre, dale de comer; si tuviere sed, dale de beber; pues haciendo esto, ascuas de fuego amontonarás sobre su cabeza. No seas vencido de lo malo, sino vence con el bien el mal (Romanos 12:14-21).

Así es, todo lo que nuestra mente normal nos dice, debemos hacer lo opuesto. Si no leemos y estudiamos para presentarnos ante Dios, entonces no sabremos cómo responder de manera correcta a las tormentas y ofensas que vendrán contra nosotros.

Si verdaderamente estamos muertos en Cristo, entonces tiene mucho sentido que una persona muerta no se puede ofender. Si caminamos con resentimiento le haremos más daño que bien al Reino. Si tomamos la postura de la defensiva, vamos a repeler en vez de atraer a los pecadores.

Cuando vamos a la playa sabemos que hay una gran posibilidad de que el sol dañe nuestra piel, quemándonos. Por lo tanto, nos aplicamos bloqueador solar. Cuando vamos de pesca o de campamento, sabemos que los mosquitos nos lastimarán picándonos, por lo tanto aplicamos repelente. Sabemos que las ofensas vendrán, por lo tanto pongámonos la armadura de Dios. ¡Vistámonos de amor y perdonemos a otros antes de salir de la casa o contestar el teléfono, amén! Sabemos lo que se viene, así que seamos mansos como palomas y astutos como serpientes. Debemos recordar que no estamos en una postura de rectitud porque cualquier obra que hayamos hecho sino porque la gracia de Dios nos ha perdonado. No hay nada que podríamos haber hecho para merecernos la salvación o el perdón, entonces ¿por qué queremos que la gente cumpla algún tipo de penitencia antes de que les perdonemos? Se supone que somos nosotros quienes debemos demostrar las manifestaciones de la voluntad de Dios y cómo su gracia perdona.

Cuando tenemos falta de perdón, salimos del espíritu y entramos en la carne. No podemos ser perdonados ni sanados y en realidad nos entregamos a nuestros atormentadores. Creo que nosotros mismos creamos nuestra propia guerra cuando respondemos de manera inapropiada, contrario a la Palabra de Dios. Salimos de la unidad y entramos en la división convirtiéndonos en culpables de pecado de impedir el crecimiento de la iglesia.

Debemos considerar que cuando somos salvos somos bautizados en el Cuerpo y que cuando hacemos cosas, estas afectan a todo el Cuerpo, ya no es más solo asunto nuestro.

Capítulo 3

EL PERDÓN HORIZONTAL

Como ministro, pastor y evangelista que viaja veo muchas personas en la Iglesia proclamando su amor a Dios. Incluso hay personas fuera de la Iglesia que aman a Dios, pero odian la Iglesia. Recuerde, la Iglesia es gente. Hay muchos que odian la reunión organizada de los santos. Una gran decepción se ha infiltrado en el Cuerpo de Cristo. Si decimos que amamos a Dios pero odiamos a nuestros hermanos y hermanas, permanecemos en las tinieblas. Mentimos.

El que dice que está en la luz, y aborrece a su hermano, está todavía en tinieblas. El que ama a su hermano, permanece en la luz, y en él no hay tropiezo. Pero el que aborrece a su hermano está en tinieblas, y anda en tinieblas, y no sabe a dónde va, porque las tinieblas le han cegado los ojos (1 Juan 2:9-11).

Los dos mandamientos más importantes son los siguientes:

Jesús le dijo: Amarás al Señor tu Dios con todo tu corazón, y con toda tu alma, y con toda tu mente. Este es el primero y grande mandamiento. Y el segundo es semejante: Amarás a tu prójimo como a ti mismo (Mateo 22:37-39).

El problema con el que nos encontramos es que todos tienen una distinta definición de lo que es el prójimo. En la cultura judía las personas estaban segregadas y no alcanzaban a otras culturas. Si no era judío, uno era llamado perro o un pagano. Es vergonzoso decirlo, pero aún vemos esto en algunas denominaciones hoy. Creen que uno no es salvo si no es de su iglesia. Dios quiere que nos amemos los unos a los otros como Él nos amó, de manera incondicional.

Dios me mostró que muchos están dispuestos a amar y pedir el perdón vertical, es decir de Dios hacia ellos. En la nación judía ellos entendían que una vez al año el sacerdote entraba al Lugar Santísimo y ofrecía sangre para cubrir los pecados de Israel, y en ciertos momentos la gente podía ofrecer sacrificios por pecados individuales. El sacerdote hacía una ofrenda corporativa por la nación y luego la gente ofrecía sus ofrendas individuales por ellos mismos.

Nuevamente, todo esto era el perdón vertical de Dios al hombre. La humanidad entendía en aquel entonces que solo Dios podía perdonar. Incluso tenían una enseñanza que decía ama a Dios y odia a tu enemigo. Sin embargo, Jesús vino para cambiar esto. Su mensaje del cielo era que cada persona individual era responsable de perdonar a todos y luego buscar el perdón de Dios. La respuesta a los problemas de la tierra se haya en el perdón.

En las próximas páginas le mostraré que en las Escrituras, hasta que vino Jesús, no había ninguna revelación acerca de perdonar horizontalmente, persona a persona.

Al ver Jesús la fe de ellos, dijo al paralítico: Hijo, tus pecados te son perdonados. Estaban allí sentados algunos de los escribas, los cuales cavilaban en sus corazones:

¿Por qué habla éste así? Blasfemias dice. ¿Quién puede perdonar pecados, sino sólo Dios? (Marcos 2:5-7).

Aquí vemos a Jesús perdonando los pecados

de un hombre como respuesta a su necesidad de sanidad. El mismo poder que perdona también sana, y cuando Él perdona, su poder se desata. Más tarde comprenderá que fuimos capacitados para conectarnos con el cielo y convertirnos en distribuidores del perdón. Miremos la siguiente Escritura acerca del amor y el odio.

Oísteis que fue dicho: Amarás a tu prójimo, y aborrecerás a tu enemigo. Pero yo os digo: Amad a vuestros enemigos, bendecid a los que os maldicen, haced bien a los que os aborrecen, y orad por los que os ultrajan y os persiguen (Mateo 5:43-44).

Por causa de esta antigua tradición, tenían la elección de amar u odiar. Si su prójimo le ofendía, lo único que debía hacer era ponerlo en su lista de enemigos y odiarlo. No había ningún tipo de responsabilidad para caminar en amor, perdón, restauración y esas cosas. Esta es una de las razones por las cuales Jesús dio vuelta el mundo religioso. Vino a destruir la religión como la conocían. Vino a remover las tradiciones de los hombres. Vino para enseñar amor y perdón. Los judíos esperaban a un Mesías guerrero que conquistaría a los romanos y restauraría Jerusalén para los judíos. Querían un Mesías rey que estableciera un reino natural y solo para ellos. Ellos pensaban que mediante el derramamiento de sangre y pérdida de vida podrían comprar un reino natural del día presente (que siempre podía perderse si viniera alguien más fuerte).

Jesús vino a establecer un Reino espiritual eterno que le costaría su vida y su sangre, que era pura y limpia. Su Reino provino de la obediencia, el amor y el perdón. Años después muchos santos morirían por causa del Evangelio. Todos los apóstoles, excepto Juan, murieron una muerte de mártir. Vemos en la muerte de Esteban en el libro de Los Hechos que morir una muerte de mártir no era completa sin perdonar y luego pedirle a Dios que los perdonara.

El poder desatado por el perdón nos ayudará cuando muramos e incluso en la resurrección. Veamos a Pedro. Él era un judío que seguía todas las tradiciones y su cultura. Vivía en Israel. Diría que sabía lo que se enseñaba ahí. Era ignorante en cuanto a perdonar horizontalmente. Hizo la siguiente pregunta.

Entonces se le acercó Pedro y le dijo: Señor, ¿cuántas veces perdonaré a mi hermano que peque contra mí? ¿Hasta siete? Jesús le dijo: No te digo hasta siete, sino aun hasta setenta veces siete (Mateo 18:21-22).

Jesús comenzó a enseñar acerca del perdón, lo cual solo antes había sido visto de parte de Dios al hombre que ahora era de una persona a otra.

Anteriormente leímos Marcos 2:5-7, donde Jesús sanó a un paralítico que fue bajado por un techo. Cuando Él dijo: *"tus pecados te son perdonados"*, todos se asombraron porque sabían que solo Dios podía perdonar. Cuando nos convertimos en hijos e hijas de Dios debemos actuar como Dios en el asunto del amor incondicional y el perdón. Vimos anteriormente que Jesús enseñó que el perdón no debía ser una acción ocasional, sino un estilo de vida; setenta veces siete es igual a cuatrocientos noventa veces por día. ¿No es maravilloso cómo queremos recibir gracia y perdón a tan alto nivel cuando la necesitamos, pero no la queremos dar?

El perdón es para aquellos que nos lastiman, no para los que nos hacen el bien. A veces actuamos como si el perdón fuera racionado, como si hubiese escasez. En realidad, cuando fuimos perdonamos por Dios recibimos más de lo que necesitamos. Creo que por eso David dijo: *"mi copa está rebosando"* (Salmo 23:5). Vemos claramente en las Escrituras que somos responsables por dar todo lo que recibimos del Señor. *"Sanad enfermos, limpiad leprosos, resucitad muertos, echad fuera demonios; de gracia recibisteis, dad de gracia"* (Mateo 10:8). Esto es más que una sugerencia; es una comisión, una orden. Anteriormente vimos que Jesús perdonaba y sanaba. Están entrelazados; cuando somos perdonados, salvados, incluye sanidad y liberación.

En el Padre Nuestro Jesús nos enseña a orar. *"Y perdónanos nuestras deudas, como también nosotros perdonamos a nuestros deudores"* (Mateo 6:12). Juan el Bautista vino con un mensaje de arrepentimiento porque el Reino de los cielos se acercaba. Jesús dijo que si Él echaba fuera demonios estaba cerca (vea Mateo 3:2; 12:18). Las Escrituras nos dicen que Juan el Bautista vino en el espíritu de Elías para restaurar los corazones de los hijos con el Padre (vea Lucas 1:17). Cuando la hora llegó, los cielos se abrieron y los ángeles comunicaron "En la tierra paz" y "buena voluntad para con los hombres" (vea Lucas 2:14). Creo que estaban profetizando la llegada del Mesías. Conocían el mensaje que Él traería a la tierra, el cual brindaría paz. No era un evangelio de perfección, sino el Evangelio del perdón.

Encontrar la paz

Desde la caída de Adán, hubo capacitaciones y enseñanzas de cómo podríamos acercarnos a Dios con sacrificios de sangre para cubrir nuestros pecados. Había reglas y regulaciones que la gente debía seguir de hecho por encima y más allá de las reglas de Dios. Alabado sea Dios que nací en la era de la gracia. ¡Gracias Jesús!

La única forma que puede haber paz en la tierra era cuando los hombres, las mujeres y los hijos aprenden a perdonar y reciben el perdón de Dios. Jesús fue el último Cordero sacrificado. La paz en la tierra de la que hablaban los ángeles se trata de una paz que el mundo no conoce.

La paz os dejo, mi paz os doy; yo no os la doy como el mundo la da. No se turbe vuestro corazón, ni tenga miedo (Juan 14:27).

Ahora sus discípulos entendían que este nuevo Reino no se preocupaba por qué tipo de gobierno había en ese momento, o si era pagano o mundano. El Reino de Dios florecerá igual. Ahora estaban aprendiendo a perdonar no solo a sus hermanos, pero también a sus enemigos. En la enseñanza de Cristo aprendemos a amar y orar por el bien de la humanidad. Nuestras mentes naturales a veces se quedan bloqueadas tratando de entender a Dios y los principios de su Reino, los cuales deben discernirse espiritualmente. No debemos tratar de estar en una organización como la del Antiguo Testamento donde solo el sacerdote podía entrar a la presencia de Dios y luego les decía qué sucedía. Todos nosotros somos sacerdotes, por lo tanto vayamos todos a su presencia perdonando y siendo perdonados, con mentes abiertas para entender las Escrituras y sus caminos. Es beneficial que nosotros perdonemos.

Porque si perdonáis a los hombres sus ofensas, os perdonará también a vosotros vuestro Padre celestial; mas si no perdonáis a los hombres sus ofensas, tampoco vuestro Padre os perdonará vuestras ofensas (Mateo 6:14-15).

Debemos estar preparados para perdonar. Debemos reducir nuestras expectativas de la gente y así permitir que nuestro nivel de estrés disminuya. Elevemos nuestras expectativas de Dios y lo que Él quiere que hagamos en esta tierra por medio nuestro y de otros. Una cosa que debemos aprender es que nos necesitamos los unos a los otros. Las Escrituras nos dicen que no debemos pelear unos con otros sino contra potestades. Nos convertimos en marionetas de la ofensa y el diablo es el dueño de la marioneta.

Porque no tenemos lucha contra sangre y carne, sino contra principados, contra potestades, contra los gobernadores de las tinieblas de este siglo, contra huestes espirituales de maldad en las regiones celestes (Efesios 6:12).

Continúe leyendo en Efesios y vemos que estamos en una batalla y que debemos vestirnos apropiadamente.

Por tanto, tomad toda la armadura de Dios, para que podáis resistir en el día malo, y habiendo acabado todo, estar firmes. Estad, pues, firmes, ceñidos vuestros lomos con la verdad, y vestidos con la coraza de justicia, y calzados los pies con el apresto del evangelio de la paz. Sobre todo, tomad el escudo de la fe, con que podáis apagar todos los dardos de fuego del maligno. Y tomad el yelmo de la salvación, y la espada del Espíritu, que es la palabra de Dios; orando en todo tiempo con toda oración y súplica en el Espíritu, y velando en ello con toda perseverancia y súplica por todos los santos (Efesios 6:13-18).

Cuando un hermano o hermana nos ofende,

el diablo está tratando de robarnos amistades, de hacer que rompamos pactos y de robarnos la paz que el Señor nos dejó aquí en la tierra. El Reino de Dios es paz, justicia y gozo en el Espíritu Santo.

Para que todos nos llevemos bien, debemos tomar nuestra cruz a diario y crucificar nuestra carne. Estoy convencido que debemos asociarnos con Dios para trabajar unos con otros aquí en la tierra. Debemos comenzar a convertirnos como niños para entrar en el Reino de Dios. La carne odia todo lo que es de Dios. Está en desacuerdo con todo.

> *Por cuanto los designios de la carne son ene-mistad contra Dios; porque no se sujetan a la ley de Dios, ni tampoco pueden; y los que viven según la carne no pueden agradar a Dios* (Romanos 8:7-8).

Tal vez se pregunte, "¿qué hacemos?". Comen-zamos humillándonos y sometiéndonos a Dios. *"Someteos, pues, a Dios; resistid al diablo, y huirá de vosotros"* (Santiago 4:7). Debemos quitarnos al viejo hombre y poner en su lugar el hombre nuevo en Cristo. Este Nuevo Pacto no solo nos enseña a someternos a Dios sino unos a otros. Esposas, sométanse a sus esposos, jóvenes sométanse a los ancianos. Debemos someternos a los supervisores de nuestras almas.

> *Igualmente, jóvenes, estad sujetos a los ancianos; y todos, sumisos unos a otros, revestíos de humildad; porque: Dios resiste a los soberbios, Y da gracia a los humildes* (1 Pedro 5:5).

Pero aguarde, aun hay más. Efesios dice: *"Someteos unos a otros en el temor de Dios"* (Efesios 5:21). Tomar la cruz, morir a la carne a diario, llevar nuestros pensamientos cautivos y ponernos nuestra armadura, invocar la sangre, usar el nombre de Jesús, someternos primeramente a Dios y luego unos a otros, suena como que estamos en guerra. Y así es.

> *Por lo cual alegraos, cielos, y los que moráis en ellos. ¡Ay de los moradores de la tierra y del mar! porque el diablo ha descendido a vosotros con gran ira, sabiendo que tiene poco tiempo* (Apocalipsis 12:12).

> *El ladrón no viene sino para hurtar y matar y destruir; yo he venido para que tengan vida, y para que la tengan en abundancia* (Juan 10:10).

El diablo sustrae con la división. Está constantemente causando contiendas, envidia, amargura, odio y homicidio. Estas son las obras de la carne, y él trata de mantenernos en la carne y luego de amplificar estas características del hombre caído. ¿Por qué, pregunta? Porque si puede mantenernos en la carne nadie puede agradar a Dios y no oiremos ni obedeceremos ni construiremos el Reino, ni mantendremos la paz, la justicia y el gozo.

Recuerde, una casa divida no puede mantenerse firme. Dios es amor, y para que nosotros caminemos y amemos juntos como un Cuerpo debemos perdonar y trabajar juntos como un Cuerpo. Debemos perdonar y trabajar incansablemente para lograr la tarea del Reino. Nuestra comisión es grandiosa. Necesitamos que todos trabajen en el Espíritu de amor para lograr esta gran tarea. Por eso debemos aprender del perdón horizontal. No solo debemos perdonar a la gente cuanto nos perdonan, sino que debemos ser como Cristo en la cruz, intercediendo y pidiendo que Dios también los perdone a ellos. Una persona egoísta no puede lograr esta tarea Divina. Él o ella pasarán todo su tiempo consumido o consumida en su propio ser. Esta es la razón perfecta por la que debemos tomar nuestra cruz y seguir a Jesús.

No se trata de mí

Me estaba alistando para predicar en un servicio en la iglesia de un amigo. Mientras daban los anuncios estaba hablando con Dios acerca de una puerta que se estaba abriendo para la televisión internacional. En mi mente preguntaba por qué estaba sucediendo, porque no había hecho nada para merecerlo. A medida que me acercaba al escenario para tomar el micrófono el Señor me habló y me dijo: "no se trata de ti".

Sabía en ese momento que era el mensaje que Él me había dado y era para la gente que necesitaba oírlo. Yo era un vaso, un instrumento que había sido escogido por los dones en mí. Somos ordenados por Dios a perdonar, amar y predicar este Evangelio del perdón, a sanar a los enfermos y a expulsar a los demonios.

La fe mueve a Dios, pero el perdón desata su poder. Oiga, ya no puede tratarse solamente de usted y Dios. Debemos estar bien con las personas. No podemos albergar la falta de perdón, la amargura ni el enojo. Eso es pecado. Saquemos el odio fuera de nuestro campamento perdonando y amando otra vez.

Aprendemos por medio de las Escrituras y de

nuestra relación con Dios en Cristo que Dios es perfecto y que Él no miente. No tenemos que trabajar de su lado del pacto con nosotros. Él dice que nunca nos dejará ni nos abandonará (vea Hebreos 13:5). Sus pensamientos para nosotros son buenos. Sabemos que hay amor y perdón disponibles, fluyendo de Él. Podemos confiar en que Él cumplirá con *su* parte; nosotros debemos trabajar en *nuestro* lado del pacto.

El diablo sabe cómo funciona el Reino de los cielos. Entiende cómo funcionan los principios espirituales. Él es un espíritu y ha estado dando vueltas desde hace mucho tiempo. Su plan es interferir con la humanidad y causar odio por medio de ofensas, amargura y falta de perdón. Quiere matar a la mayor cantidad de personas antes de que sean salvas. También quiere matar a gente salva para que nunca cumplan con su destino.

Recuerde, el perdón desata el poder de Dios. La falta de perdón desata el poder del diablo. El perdón es fruto del amor. La falta de perdón es fruto del odio. Satanás sabe que las Escrituras dicen que el amor nunca falla. Por lo tanto, si causa división, contienda, odio y cosas semejantes, el amor se vuelve nulo.

¿Por qué querría detener el amor de Dios por medio nuestro?

El amor nunca falla.

El amor perdona.

La fe obra por medio de amor.

Si no hay amor, entonces la fe no trabaja y no recibiremos nada del Señor. Sin fe es imposible agradar a Dios. Muchos generales de guerras pasadas sabían que debían cortar la comunicación y luego la recepción de insumos. Un cristiano sin comunicación con el cielo y sin poder, fuerza y provisión es, por lo general, una persona débil. Ahora, cuando nos ofendemos lo primero que queremos hacer es apartarnos de la iglesia y de la gente. Solos somos mucho más débiles y derrotados con facilidad. Cuantas más personas se apartan del Cuerpo, el Cuerpo más se debilita, eso significa menos recursos, dinero, personal, trabajadores, voluntarios y demás.

Tomemos una decisión consciente de perdonar, olvidar y amarnos unos a otros. Hagámoslo por el nombre de Cristo. Si perdonamos, el poder de Dios y su amornos son desatados y podrán fluir nuevamente. El cielo es perfecto, sin embargo, la tierra y sus habitantes son un desorden. El plan de Dios es que amemos y perdonemos. Cuanto más libre es el fluir del amor, más trabajará nuestra fe, trayendo el cielo a la tierra.

Creo que en este capítulo le he mostrado y espero haberle convencido de la necesidad de alcanzar horizontalmente los unos a los otros y perdonar, olvidar y amar. Me refiero a relaciones de padres con hijos, esposos con esposas, hermanos con hermanas, primos, vecinos e incluso extraños con extraños.

Perdonar, olvidad y amar. *La fe mueve a Dios, pero el perdón desata su poder.* Una vez que su poder es desatado lentamente emociones y recuerdos del pasado serán sanados.

Definitivamente es una prioridad para los hijos de Dios llevarse bien unos con otros. Si no se encuentra arriba en nuestra lista de prioridades entonces debemos hacer unos cambios. El perdón es el poder y una de nuestras herramientas para traer el Reino de Dios a la tierra. Aún siendo pecadores, equivocados y viviendo una vida pecaminosa en contra de Él, Dios nos perdonó por medio de Cristo. Descubrirá en otros capítulos distintas maneras que Dios nos dio para ayudarnos a salvar a la gente. Ahora podemos usar el perdón para convertir gente, traerlos delante de Dios y cambiar su atmósfera para que el Espíritu Santo pueda darles convicción y luego convertirlos.

Comience a mirar a su alrededor. ¿Hay relaciones en su vida que fueron afectadas por ofensas, amargura, rechazo u otros pecados? ¿Hay gente que no es salva que necesita de la gracia salvadora del perdón de Dios? Apúrese y cuénteles. Dígaselo a todos antes de que sea demasiado tarde. La salvación y el perdón son para el ahora, en esta vida.

Capítulo 4

EL PERDÓN DE LA CRUZ

Usted y yo sabemos muy bien que dondequiera que haya gente habrá problemas. Podemos capacitar a las personas mediante la enseñanza y la predicación para que cooperen unos con otros y se conviertan en mejores compañeros de equipo, pero las ofensas aún vendrán. *"Dijo Jesús a sus discípulos: Imposible es que no vengan tropiezos; mas ¡ay de aquel por quien vienen!"* (Lucas 17:1) Otra Escritura nos dice que encontraremos problemas en el mundo.

Estas cosas os he hablado para que en mí tengáis paz. En el mundo tendréis aflicción; pero confiad, yo he vencido al mundo (Juan 16:33).

Se nos dijo de parte de nuestro Salvado y Rey, Jesucristo, que las cosas no siempre irán bien. No se sorprenda, pero ahí afuera hay personas que no juegan limpio con otros. Ahora, el Señor no nos abandonó en un mundo de aflicción, tribulación y conflictos sin ninguna sabiduría disponible para saber cómo sobrellevar la situación o ser victoriosos. A lo largo de este libro leerá experiencias donde la gente fue lastimada, traicionada y abandonada. No importa qué ofensa le hayan hecho, su mejor y divina respuesta es perdonar.

Repetiré una declaración que hizo un predicador: "Resguardar la falta de perdón es como tomar veneno y esperar que la otra persona se muera". Primeramente le hará daño a usted y luego a los demás a su alrededor. Hará que usted lastime a aquellos que no le hicieron ningún daño.

Seguid la paz con todos, y la santidad, sin la cual nadie verá al Señor. Mirad bien, no sea que alguno deje de alcanzar la gracia de Dios; que brotando alguna raíz de amargura, os estorbe, y por ella muchos sean contaminados (Hebreos 12:14-15).

Hay un dicho: "La gente lastimada lastima gente". Esto es verdad. La gente abusada abusa de la gente. La gente maltratada maltrata a la gente y así sucesivamente. Pero gloria a Dios que la gente sanada sana gente. En Hebreos 12:15 dice, "*brotando alguna raíz de amargura*". Para que una raíz de amargura brote debe de plantarse una semilla y de protegerse para que el proceso de crecimiento comience.

La semilla de amargura es la semilla de la ofensa que se convirtió en falta de perdón. Para que comience a crecer debemos meditar, pensar y ensayar la ofensa.

No podemos permitir que los maltratos y las ofensas comiencen a edificar fortalezas de falta de perdón en nuestros corazones. Esto incluye todas las ofensas:

- Homicidio

- Violación, incluso violación cometida durante una cita

- Golpizas

- Violencia doméstica

- Abuso infantil

- Robo, hurto

- Mentiras, falsas acusaciones

- Divisiones de iglesias, separaciones

No importa qué tan malo sea el crimen o qué tanto hayamos sido lastimados, debemos perdonar.

Esto no justifica ningún comportamiento ni hace que lo que hayan hecho esté bien. Simplemente le ubica para que comience su proceso de sanidad. El punto de este capítulo es enseñarle a prevenir que la semilla errónea sea plantada en su corazón.

Veamos el ejemplo de Cristo en el Calvario. Aquí vemos a la creación tratando de matar al Creador. En realidad era el Creador entregando su vida para que la salvación estuviese disponible para la creación. Ni la gente ni los principados sabían con quién se estaban metiendo. Si Israel hubiese abierto los ojos para conocerle como le conoció Pedro, no le hubiesen crucificado.

La revelación de Pedro vino de su comunión con Él, de estar en su presencia, del observar cómo Él trataba con otros humanos de manera sobrenatural. Jesús trataba con la gente de manera distinta a la de los otros líderes religiosos, y así deberíamos también hacerlo nosotros como sus discípulos. Jesús fue el primer Templo de Dios humano, y cuando los ríos de vida fluyeron de Jesús, la revelación del Padre celestial le abrió los ojos a Pedro a la verdad.

La falta de perdón bloquea y se convierte en una represa para el río de vida y la revelación del cielo. Impide que su Reino venga a la tierra. Impide que las oraciones sean respondidas. La falta de perdón detiene todas las entregas del cielo. Las oraciones respondidas son la gracia desatada. Cuando la gracia no es desatada lo único que queda es juicio y tormento. Necesitamos de la gracia para poder sobrevivir en este mundo caído.

Este siguiente versículo comprueba mi punto de que actuaban por ignorancia. Primera de Corintios 2:8 dice: *"La que ninguno de los príncipes de este siglo conoció; porque si la hubieran conocido, nunca habrían crucificado al Señor de gloria"* (1 Corintios 2:8). Jesús ya había sido burlado, acusado falsamente, ridiculizado, traicionado, abandonado por Dios, golpeado severamente, tenía espinas clavadas en su cabeza, le pegaron, le arrancaron la barba y fue puesto en una cruz.

- El dolor de las espinas

- El dolor de los clavos en sus manos y pies

- El dolor del peso de su cuerpo en sus manos y pies

- El dolor de ser clavado en un costado

- El intenso calor, el hambre y la sed

- La gente gritando, "crucifíquenlo" y "que se salve solo, Él salvó a otros".

En todo lo que sucedió en la cruz, recibimos una llave. Mientras todo esto sucedía, incluso después de que se convirtiera en pecado y experimentara la separación de Dios, Cristo los perdonó y habló en defensa de ellos diciendo: *"Padre, perdónalos, porque no saben lo que hacen..."* (Lucas 23:34).

Aquí vemos que la clave para evitar que las semillas de ofensa ingresen a nuestro corazón, endureciéndolo y luego echando raíces de amargura, es perdonar en el mismo momento en que ocurre la ofensa. Desde la propia cruz Jesús habló. Tener un escudo de perdón neutraliza la semilla de la ofensa. No puede crecer en tierra que fue tratada por el poder de Dios que se desata cuando el perdón está operando.

Incluso lo llevó a otro nivel más alto hablando en defensa de ellos e intercediendo por ellos.

Y cuando llegaron al lugar llamado de la Calavera, le crucificaron allí, y a los malhechores, uno a la derecha y otro a la izquierda. Y Jesús decía: Padre, perdónalos, porque no saben lo que hacen. Y repartieron entre sí sus vestidos, echando suertes. Y el pueblo estaba mirando; y aun los gobernantes se burlaban de él, diciendo: A otros salvó; sálvese a sí mismo, si éste es el Cristo, el escogido de Dios. Los soldados también le escarnecían, acercándose y presentándole vinagre, y diciendo: Si tú eres el Rey de los judíos, sálvate a ti mismo (Lucas 23:33-37).

He descubierto que cuando perdonamos a la gente que nos ofende en el mismo momento en que sucede la ofensa y luego intercedemos por ella nuestro tiempo de recuperación es instantáneo. Jesús no podría haber dicho, *"consumado es"*, sin haberles perdonado y orado.

Vemos en la Palabra de Dios que después de la resurrección Él ascendió a los cielos a la diestra del Padre donde ora (intercede) diariamente. Él ya demostró su valor de ser un intercesor cuando intercedía por aquellos que estaban siendo usados para crucificarle.

Conozca su identidad

Creo que la razón por la cual Jesús pudo perdonar de inmediato era porque Él sabía quién Él era, de dónde era y hacia dónde iba. No tenía un problema de identidad.

Estando en oración a menudo y manteniendo siempre una comunión con el Espíritu Santo y el

Padre Él pudo mantener la calma, por decirlo de alguna manera.

Las Escrituras nos dicen que Él iba seguido a orar. Creo que esto es clave. Vea, orando a menudo estamos crucificando la carne y trabajando el dominio propio del alma. Es en el área de nuestra alma, o emociones, donde la ofensa comienza. Leímos que el pecado fue primeramente concebido en el corazón de Satanás. La imaginación hará crecer odio y ofensas si es alimentada por el alma.

La imaginación sometida al Espíritu brindará un lugar donde la fe puede crecer, y luego debemos meditar en la Palabra de Dios. Jesús se mantuvo humilde al estar siempre en la presencia del Dios Todopoderoso. Es el orgullo de nuestra naturaleza caída el que se ofende. Decimos: "¿cómo se le ocurre a alguien hacerme esto?". Ahora, hay casos donde somos lastimados, abusos o crímenes, los cuales no tienen nada que ver con el orgullo, pero muchas de las ofensas menores suceden cuando sentimos que se nos faltó el respeto. Como Jesús siempre oía al Padre, Él sabía qué decir y cómo responder. En realidad, El Espíritu Santo le decía cosas que habrían de suceder. Él podía prepararse en oración por medio de la Palabra. Edificándose en oración Él recibía sabiduría para tratar con las situaciones. Estoy convencido de que si pasamos más tiempo en oración recibiendo de nuestro Padre obtendremos mayor madurez.

En aquellos días él fue al monte a orar, y pasó la noche orando a Dios (Lucas 6:12).

Nos engañamos y caemos justamente en el plan del enemigo cuando nos enojamos con las personas que dicen y hacen cosas que nos lastiman. Recuerde, se nos dice que no debemos luchar contra gente, sino contra espíritus que manipulan a las personas. Si prestáramos atención a esto, y nos enojamos, deberíamos enojarnos con el diablo y perdonar a la persona que está siendo usada para causarnos problemas o lastimarnos y orar por ella.

Porque no tenemos lucha contra sangre y carne, sino contra principados, contra potestades, contra los gobernadores de las tinieblas de este siglo, contra huestes espirituales de maldad en las regiones celestes (Efesios 6:12).

Saltemos al versículo 18:

Orando en todo tiempo con toda oración y súplica en el Espíritu, y velando en ello con toda perseverancia y súplica por todos los santos (Efesios 6:18).

Cuando lee el pasaje del versículo 12 al 18 verá que nos dice que no luchamos contra gente, sino contra demonios. Ahora puede vestirse para la batalla sabiendo dónde se origina toda esta guerra. Las personas que se enredan en ella son engañadas y se convierten en prisioneros a disposición del diablo. Oremos por ellas. Primeramente, perdónelas para desatar el poder de Dios el cual repele la guerra, y luego ore para que sean liberadas y productivas en el Reino de Dios.

Estoy convencido de que si usted se ofende fácilmente no es una persona tan madura como usted cree y todavía ignora muchos aspectos espirituales. Ahora, aguarde un momento antes de ofenderse conmigo mientras lee este libro acerca del perdón. Termínelo primero y verá que estoy tratando de presentarle la verdad de manera directa. Esta es la verdad que aprendí por medio de la revelación y la aplicación práctica.

Así como Jesús, debemos perdonar desde la cruz, en el instante cuando sucede. Cuanto más rápido usted lo suelte y perdone, más rápido el poder de Dios es desatado para arreglar y prevenir problemas. Dije en otros capítulos que sabiendo que las ofensas van a ocurrir, debemos vestirnos apropiadamente con la armadura y orar. Debemos entrenarnos para responder de manera apropiada perdonando, amando, respondiendo de inmediato. Haga esto y protegerá su alma de las semillas de la ofensa y puede comenzar la intercesión por las almas cautivas que causan contienda, división y esparcimiento de ovejas. Cuando pasamos tiempo en la Palabra de Dios y con el Dios de la Palabra, vestidos siempre con la armadura y permitiendo que el amor de Dios fluya por medio nuestro, podemos desatar el perdón. Jesús pudo otorgar el perdón y orar por perdón. Cuando la mujer fue atrapada en el acto del adulterio Jesús no la hizo esperar durante días.

Entonces los escribas y los fariseos le trajeron una mujer sorprendida en adulterio; y poniéndola en medio, le dijeron: Maestro, esta mujer ha sido sorprendida en el acto mismo de adulterio. Y en la ley nos mandó Moisés apedrear a tales mujeres. Tú, pues, ¿qué dices? Más esto decían tentándole, para poder acusarle. Pero Jesús, inclinado hacia el suelo, escribía en tierra con el dedo. Y como insistieran en preguntarle, se enderezó y les dijo: El que de vosotros esté sin pecado sea el primero en arrojar la piedra contra ella. E inclinándose de nuevo hacia el suelo, siguió escribiendo en tierra. Pero ellos, al oír esto, acusados por su conciencia, salían uno a uno, comenzando desde los más viejos hasta los postreros; y quedó solo Jesús, y la mujer que estaba en medio. Enderezándose Jesús, y no viendo a nadie sino a la mujer, le dijo: Mujer, ¿dónde están los que te acusaban? ¿Ninguno te condenó? Ella dijo: Ninguno, Señor. Entonces Jesús le dijo: Ni yo te condeno; vete, y no peques más (Juan 8:3-11).

La primera vez que leí esta historia me sorprendió mucho la rapidez con la que Jesús quitó la condena y la perdonó. Él sabe que usted debe tratar con las semillas de condenación, ofensas y amargura. Las palabras tienen poder. No debemos permitirles que tengan nada de tierra donde puedan ser plantadas para comenzar a crecer.

La muerte y la vida están en poder de la lengua, Y el que la ama comerá de sus frutos (Proverbios 18:21).

Vemos que Jesús estaba dispuesto a permitirle al hombre en la cruz que fuese el primero en beneficiarse de la obra de la cruz. Él perdonó a la mujer adúltera y al hombre que bajaron por el techo. Sus ejemplos nos muestran que debemos perdonar rápidamente, remitir nuestros pecados y brindar el amor que recibimos del Padre. Perdonar es tan clave así que trate de ser perdonado lo antes posible. Otra vez, así las semillas de la ofensa no echan raíces de amargura las cuales traen una cosecha de tormento, enfermedades, dolencias e incluso fobias, temores, enojo o ataques de ira.

Mirad bien, no sea que alguno deje de alcanzar la gracia de Dios; que brotando alguna raíz de amargura, os estorbe, y por ella muchos sean contaminados (Hebreos 12:15).

Tomar la responsabilidad

Oro que el Espíritu Santo le dé convicción a medida que lee esto y destape cualquier punto ciego o viejas ofensas. Así podrá, por medio de Él, arrepentirse, confesar, perdonar y librarse a usted mismo, a otros y también a Dios.

1. El arrepentimiento activa la necesita de aceptar la salvación de Cristo y su perdón.

2. La aceptación comienza con el proceso del perdón.

3. El perdón nos otorga el poder para dejar de pecar.

4. Saber que uno fue perdonado activa y desata un amor que jamás conocimos

ni experimentamos ni en el que nunca caminamos.

En Lucas vemos a Jesús brindando el perdón:

Por lo cual te digo que sus muchos pecados le son perdonados, porque amó mucho; mas aquel a quien se le perdona poco, poco ama (Lucas 7:47).

El amor de Dios hizo que Él enviara y diera a su Hijo. El amor de Dios hace que Él siempre perdone cuando nos arrepentimos. Si permitimos que el amor de Dios se desparrame en nuestros corazones, nosotros también tendremos poder para dar libremente, perdonar siempre y amar incondicionalmente.

Siempre me pregunté por qué Jesús le dijo a la mujer adúltera que se fuera y no pecara más. Pensé que la razón por la que fue atrapada era porque no tenía poder ni control para hacerlo. Luego me di cuenta de que en las palabras "vete y no peques más" estaba el poder para lograr lo que se le dijo que hiciera. Esta palabra era profética. Él la veía como ella habría de ser. Debemos recordar que el Evangelio, las palabras de Jesús, es el poder de salvación. Cualquier situación en la que me encuentre, busco a Cristo para una "palabra del ahora". Una vez que recibo una "palabra del ahora" entiendo que en esa palabra está el poder para lograr la tarea. Él la perdonó y su poder fue desatado en su palabra para que ella no pecara más.

Dije esto antes, pero lo reitero. *La fe mueve a Dios, pero el perdón desata su poder.*

- El perdón repele el pecado.

- El perdón repele el rechazo.

- El perdón repele las enfermedades.

- El perdón repele los demonios.

- El perdón repele el infierno.

Debemos tomar primeramente responsabilidad por nuestras vidas y faltas. Luego podemos recibir el perdón. Si nos educamos en la Palabra entonces vamos a llegar al entendimiento de que necesitamos comenzar cada día en la presencia del Señor, adorando, alabando y trayendo nuestras súplicas delante de Él. No debemos olvidarnos de entregarle nuestras preocupaciones a Él. No fuimos diseñados para llevar estrés, ansiedad ni temores. Si esta ha sido su batalla en su vida entonces una vez que usted es liberado comience su día adorando en su presencia. Entréguele a Dios esas cosas que no fue diseñado a llevar y reciba de Él, diariamente, una llenura de paz, justicia y gozo. Pídale a Él que llene todos sus vacíos en su alma con amor y perdón. Saldrá de la presencia del Señor sano, perdonado, sellado por su sangre y lleno de su amor. Ahora estará mejor equipado para tratar con los asuntos diarios con otros. Nos vestimos con la armadura, oyendo al Espíritu Santo, y listos para distribuir la respuesta del cielo para los problemas de la tierra mediante el perdón que desata su poder.

Ahora recibimos del Señor. Estamos vestidos apropiadamente. Entendemos quién es el enemigo, así que perdonemos de manera instantánea a aquellos que nos lastiman. Cada ofensa, a medida que llega, devolvámosla con bien. Perdone, olvide y ame. Ahora uno se convierte como el teflón, las ofensas no se nos adhieren. Ya no tiene que pasar días, semanas, meses o incluso años tratando de librarse de dolencias, ofensas y maldades.

Hay muchas personas cuyos hoy y mañana han cesado; puestos en espera y literalmente atormentados por lo que alguien hizo o no les hizo en su ayer. Cada día es una nueva oportunidad de ser ofendidos y lastimados. Va a suceder, así que tome la decisión de no enfadarse ni ofenderse y de perdonar *de inmediato*. Estas ofensas y maldades que vienen contra nosotros pueden llamarse tormentas.

Veamos qué dice la Biblia acerca de las tormentas en Mateo:

> *Cualquiera, pues, que me oye estas palabras, y las hace, le compararé a un hombre prudente, que edificó su casa sobre la roca. Descendió lluvia, y vinieron ríos, y soplaron vientos, y golpearon contra aquella casa; y no cayó, porque estaba fundada sobre la roca. Pero cualquiera que me oye estas palabras y no las hace, le compararé a un hombre insensato, que edificó su casa sobre la arena; y descendió lluvia, y vinieron ríos, y soplaron vientos, y dieron con ímpetu contra aquella casa; y cayó, y fue grande su ruina* (Mateo 7:24-27).

Cuando obedecemos la Palabra, amamos y perdonamos, atravesaremos las tormentas y los ataques firmes y con una fe madura. Si no, el tormento y la destrucción nos aguardan. Gloria a Dios que nos dio su Palabra para que tengamos éxito en su Reino. Siempre quiero ser amado y perdonado, por eso lo quiero sembrar. Comience a amar y a perdonar ahora, desde la cruz.

Quiero que recuerde que cuando Jesús perdonaba desde la cruz Él no lo hizo después de que la gente se arrepintiera o cambiara. En realidad, el único que se arrepintió fue uno de los ladrones al lado suyo. La gente, los escribas y los fariseos seguían burlándose de Él. Los soldados romanos echaban suertes y se sorteaban su túnica. Nadie le bajaba para que pudiese vivir. Todavía estaban en el proceso de pecar contra Él. No se le puede garantizar que su perdón cambiará a otros, pero usted sí será cambiado, liberado y permanecerá libre.

Vemos que Jesús y otros, antes de morir, trataron con el perdón y oraron por sus acusadores, pidiéndole a Dios que los perdonara. No importa qué tipo de pecado haya transgredido contra usted, no importa qué tan grave haya sido, suéltelo y perdónelo rápidamente antes de que venga la cosecha de tormentos. Dios amó de tal manera, que dio. Dios amó te la manera, que perdonó, y Él responderá al clamor de cualquier alma que invoca el nombre del Señor.

En nuestras vidas personales aprendemos a caminar en el poder del perdón, por lo tanto caminamos en el poder de Dios. Esto repelerá las enfermedades y dolencias junto con cualquier otro tormento que esté atacando contra su vida o las vidas de su familia.

En nuestro caminar en la iglesia, debemos conectarnos con el cielo y distribuir el poder del perdón. Hacemos eso cuando amamos, cuando damos el ejemplo, cuando perdonamos al instante que algo sucede para poder permanecer en el Espíritu y no en la carne. Muchas personas necesitan que alguien les enseñe a perdonar desde la cruz, cómo recuperarse del tormento, de las artimañas y de las estrategias que el enemigo usa contra nosotros.

Es un mayor llamado del Evangelio el caminar en amor y perdón. Piense en todas las personas perdidas que no saben que pueden ser perdonadas. Muchas oyeron el evangelio de la perfección, pero usted puede llevarles el Evangelio del perdón. Las almas en la oscuridad necesitan ver la luz. Han sido estranguladas y consumidas por demonios y ya no tienen fuerzas para pelear. Por favor, enseñe de manera bondadosa a los perdidos que hay poder por alcanzar cuando perdonamos.

Déjeme aclarar algo cuando digo de perdonar desde la cruz. La cruz es la única razón por la que podemos ser perdonados. Las Escrituras nos dicen que sin derramamiento de sangre no hay limpieza de pecados (vea Hebreos 9:22). También nos dice que la vida está en la sangre (vea Levítico 17:11). Jesús permitió que la vida en su sangre se derramara sobre la tierra aún manchada con la sangre de Abel que pedía venganza. Y en ese momento la venganza vino por parte del Señor. Pero Su venganza era muy distinta a la suya o la mía. Nosotros hubiésemos hecho que la gente pague. En cambio, Jesús se convirtió en carne para morir y con su sangre perfecta y libre de pecado redimió a la humanidad y nuestras obras. Cuando somos perdonados somos absueltos de tener que pagar la penalidad del pecado, y nacemos de nuevo solamente por la cruz y su declaración de perdón.

Las palabras tienen poder. Las palabras poderosas y piadosas se convierten en oraciones respondidas. Su ejemplo para todos nosotros es que perdonemos mientras nos lastiman.

Cuando Dios planeó corregir los problemas de la tierra, planeó que Cristo iba a morir y a derramar su sangre para redimirnos. Incluso dice que Cristo fue colgado en un madero para convertirse en maldición para que las bendiciones de Abraham pudiesen llegar a los gentiles. Mientras vivamos, perdonemos, olvidemos y amemos bondadosamente. Dígale a la gente por doquier que el perdón está disponible vertical y horizontalmente por Cristo y la cruz.

Capítulo 5

EL PERDÓN ES UNA LLAVE

Recuerde, en el capítulo 1 la humanidad se rindió a la tentación y toda la creación natural y espiritual fue afectada. El Padre celestial decidió que la llave para librar esta catástrofe sería un sacrificio perfecto y luego el perdón. Antes del fundamento del mundo el perdón era parte del paquete de redención. Ahora, no se equivoque; no hay perdón ni remisión de pecados fuera de la sangre de Jesús. La salvación es y siempre será un regalo de la gracia de Dios. Pero este regalo que se nos ha dado es que Él nos ha perdonado.

Porque por gracia sois salvos por medio de la fe; y esto no de vosotros, pues es don de Dios; no por obras, para que nadie se gloríe (Efesios 2:8-9).

Recordemos que *la fe mueve a Dios, pero el perdón desata su poder.* No hay poder en el perdón. Hay poder en la sangre. Hay poder en su Palabra. Hay verdadero poder en su nombre. Estoy predicándomelo a mí mismo a punto de hacerme el llamado al altar. Estoy a punto de gritar: "¡Gloria a Dios!".

Si está teniendo un mal día y nada pareciera salirle bien, deténgase y pregúntese: "¿Soy salvo?". Si su respuesta es sí, entonces regocíjese y grite: "¡No me estoy yendo al infierno!". Eso debería cambiar completamente su perspectiva de la vida. No debemos olvidarnos de lo que el Señor hizo por nosotros, ni olvidarnos dónde estábamos y hacia dónde vamos y cómo fuimos librados. Recibimos el perdón. Es como una semilla que fue plantada en nuestros corazones. Debemos ser buenos mayordomos del perdón que Él nos ha dado. Usted lo recibió, ahora delo. No me haga oír que no tiene nada de perdón para dar. En referencia al perdón, Mateo dice:

Y yendo, predicad, diciendo: El reino de los cielos se ha acercado. Sanad enfermos, limpiad leprosos, resucitad muertos, echad fuera demonios; de gracia recibisteis, dad de gracia (Mateo 10:7-8).

El Antiguo Pacto enseñaba: "Amen a sus prójimos y odien a sus enemigos". Jesús introdujo una nueva enseñanza acerca de amar a todos sin importar raza, religión, nivel social, etcétera.

Pero yo os digo: Amad a vuestros enemigos, bendecid a los que os maldicen, haced bien a los que os aborrecen, y orad por los que os ultrajan y os persiguen; para que seáis hijos de vuestro Padre que está en los cielos, que hace salir su sol sobre malos y buenos, y que hace llover sobre justos e injustos... Sed, pues, vosotros perfectos, como vuestro Padre que está en los cielos es perfecto (Mateo 5:44-45, 48).

En contexto, "ser perfectos" significa simplemente amar y perdonar y hacer el bien a todos. Sea perfecto en el amor y el perdón.

En el versículo 44 vemos que si uno logra esto entonces una puerta se abre ampliamente para que se le llame uno de los hijos de su Padre en los cielos. El perdón protege de muchas maneras:

- Protege de enfermedades y dolencias

- Protege de tormentos, locuras y fobias

- Repele al infierno, a la segunda muerte

Nunca olvidaré veintiséis años atrás cuando el

Señor me perdonó y las ataduras del pecado y de la muerte que me tenían cautivo fueron soltadas por la llave de su perdón que desata su poder. El temor, el alcoholismo y las adicciones a los cigarrillos, al sexo y a las drogas fueron quitados de mí y esas puertas fueron cerradas. ¡Gloria a Dios! ¡Gloria a Dios!

Desde entonces he visto a miles de personas liberadas del pecado, de la depresión y la demencia, de adicciones y de ataduras de todo tipo.

Y a ti te daré las llaves del reino de los cielos; y todo lo que atares en la tierra será atado en los cielos; y todo lo que desatares en la tierra será desatado en los cielos (Mateo 16:19).

Cuando Jesús le dijo a Pedro que le entregaba las llaves del Reino vemos que Jesús les dice a Sus discípulos que una de las llaves del Reino de los cielos era la revelación de que Él era el Cristo.

Otra llave se encuentra en Juan 20:23: "*A quienes remitiereis los pecados, les son remitidos; y a quienes se los retuviereis, les son retenidos*". Creer en la revelación del sacrificio perfecto y en el Único que puede perdonar y luego recibir el poder para perdonar a la gente son las llaves que abren los cielos y cierran el infierno. El perdón comienza a desatar el poder sobrenatural del cielo por medio de nosotros cuando invocamos su nombre. Este poder se revela de muchas maneras, pero Él escoge cómo. Tal vez se presente como salvación para nuestros pecados. Puede venir como sanidad para nuestras emociones heridas o nuestro cuerpo quebrantado. Puede traer paz a una mente atormentada. Sin embargo, su poder se desata de los cielos cuando Él o nosotros decidimos perdonar. Una verdadera manifestación del carácter de Dios es desatada en nosotros cuando damos y cuando perdonamos. Esta no es la naturaleza del hombre caído. Nosotros queremos vengarnos, queremos desquitarnos. Queremos faltarle el respeto a aquellos que nos lo faltaron a nosotros.

El amor humano es condicional. Haz lo que queremos y entonces te amaremos y tendremos comunión contigo. El amor de Dios es sobrenatural; su amor es incondicional. Él nos ama a pesar de todo. Hay condiciones y principios en este Reino, pero su amor es incondicional. *"Mas Dios muestra su amor para con nosotros, en que siendo aún pecadores, Cristo murió por nosotros"* (Romanos 5:8). Él nos amó y estuvo dispuesto a perdonarnos aún cuando estábamos en la maldad. Leer u oír esto es una cosa. Pero comenzar a caminar en esto es verdaderamente tomar su cruz y seguirle. Así es, esto significa un sacrificio diario y llevar nuestros pensamientos cautivos, dependiendo de qué tan fuerte nuestro hábito de falta de perdón haya crecido. ¿Qué tanto y por cuánto tiempo se ha ido fuera de control en su vida? Solo Dios y usted conocen la respuesta. Su voluntad es que usted sea librado de esta atadura. Pídale su ayuda, arrepiéntase y vea cómo su poder se desata en su vida.

Amar y perdonar son manifestaciones del Espíritu de Cristo. Odiar y guardar rencor son manifestaciones del espíritu del anticristo. Hay un Espíritu de verdad y un espíritu del mundo que guiarán su vida. Escoja hoy mismo a cuál servirá. No podemos obtener solamente el perdón de pecados. También necesitamos recibir las enseñanzas e instrucciones de Cristo.

Un asunto del corazón

Así como oré con muchas personas a lo largo de los años y compartí este mensaje, me encontré, constantemente, con personas que me decían que ya habían perdonado a las personas que les habían ofendido. Dicen que lo habían olvidado, pero todavía eran perseguidas por el pasado y cuando veían a las personas u oían de las iglesias que les habían lastimado sentían esa misma sensación nauseabunda. Todavía están dolidos, enfermos y atormentados.

Tomemos un momento para darnos cuenta de que podemos decir cosas con nuestros labios que no llegan a nuestro corazón. Uno puede formar a miles de personas en una fila y hacerles orar la oración de salvación, pero si no hay convicción en sus corazones, si no hay un lamento genuino, entonces ninguna de ellas va a ser salva. Mucha gente ha manipulado a personas para que vayan a la iglesia, a reuniones de oración e incluso a que ofrenden. Ninguna de estas obras religiosas lograrán nada a no ser que el Espíritu Santo sea quien trabaje en los corazones de los hombres y de las mujeres. Si el Espíritu Santo trajo convicción a nuestros corazones cuando oímos la enseñanza de la salvación y el perdón, entonces debería ser un clamor del corazón en vez de un eco de nuestros labios. Algunas personas solo repiten palabras para sacarse el predicador de encima.

Quiero mostrarle algunas Escrituras que demuestran exactamente lo que digo. Cuando el Espíritu Santo sopla sobre la Palabra de Dios, cobra vida y da convicción. Nuestra respuesta apropiada es el arrepentimiento. *"Porque la tristeza que es según Dios produce arrepentimiento para salvación, de que no hay que arrepentirse; pero la tristeza del mundo produce muerte"* (2 Corintios 7:10). Verdaderamente debemos rendir nuestras almas y emociones al Espíritu Santo. ¿Cómo lo hacemos? Me alegra que lo pregunte. Otras personas lo explican de otra manera, pero yo sigo firme con "creo en mi corazón y confieso, oro o decreto la Palabra".

Así que en esa situación oro: "Espíritu Santo, escojo por voluntad propia rendirme a ti. Entrego mi alma y mis emociones a ti. Haz lo que sea necesario. Busca y revélame lo que deba hacer u orar, de lo que me deba arrepentir, si debo ayunar, etc. Ayúdame a ser una persona completa. Ayúdame a dejar el tormento de mi pasado y a soltarlo para que pueda completar mi llamado y mi destino".

Pase una semana o un poco más orando de esta manera y preste atención a la voz del Espíritu Santo. Tal vez lo revele de otra forma que no sea hablándole. Tal vez venga mientras lee la Palabra con cierta Escritura que le salta a la vista. Tal vez le vuelvan ciertos recuerdos. Una familiar o amigo le recuerde de algo que le lastimó.

Entonces su señor, enojado, le entregó a los verdugos, hasta que pagase todo lo que le debía. Así también mi Padre celestial hará con vosotros si no perdonáis de todo corazón cada uno a su hermano sus ofensas (Mateo 18:34-35).

Comienza con el perdón que sale de nuestros corazones. El problema es que cuando usted y yo somos heridos, a veces tendemos a bloquear u ocultar estos recuerdos en nuestros corazones y oh qué rápido pasan los años. Por eso debemos confiar en Dios para que nos muestre las heridas y ofensas viejas y ocultas para que podamos tratar con ellas de una vez por todas. Derrotemos al diablo en nuestras vidas por medio de Cristo y seamos libres.

Algunas heridas, ofensas y amarguras son tan evidentes que no necesitamos que nadie nos las recuerde porque las revivimos a diario. ¿Sabía usted que cuando revivimos estas cosas, las estamos diluyendo y construimos una fortaleza mental de tormento? He pasado horas y días en mi oficina y en el teléfono con personas de todas partes del mundo que han pasado años en tormento, sus vidas en espera, logrando absolutamente nada por lo que habían hecho o por lo que alguien les hizo. Revivir estas ofensas había construido fortalezas que les mantendrían esclavizados de por vida hasta que alguien como yo apareciera con este mensaje y les enseñara y orara para librarlos en el nombre del Señor. Porque sé que muchas personas han perdonado con sus labios y no con sus corazones, creé lo que llamo la oración de "la decisión consciente".

Esto significa que yo, deliberadamente, anulo mi subconsciente donde escondí todas mis heridas y dolencias, y con mi corazón escojo perdonar a cada persona que me hirió o me hizo daño. Me perdono a mí mismo y perdono a Dios si es que estoy enojado con Él. Suelto todo el pasado y lo dejo ir. Nadie me tiene que retribuir nada, hacer algo por mí ni trabajar para mí. Perdono libremente.

Separémoslo en tres partes.

1. La gente que nos lastimó

2. Cosas que hicimos mal

3. Estar enojados con Dios

Falta de perdón para con otros

Hemos creado en nuestra sociedad lo que se denomina buen comportamiento y mal comportamiento. Cuando la gente hace lo que consideramos un mal comportamiento nos ofendemos. Cuando la gente no hace lo que creemos merecer también nos ofendemos. Por lo tanto nos ofendemos por lo que la gente hace y por lo que no hace. Si un padre no dice: "Te amo", cuando no estuvo presente, no proveyó para nosotros, nos sentimos rechazados y sufrimos abandono, el cual hará crecer una raíz de amargura. Algunas ofensas son menores. La gente dijo algo, nos criticaron o comenzaron un chisme. Esto también hiere nuestros sentimientos, pero es más fácil recuperarnos de ellos.

Ahora, hay otro tipo de ofensas, aquellas como cuando alguien abusa de uno verbal o mentalmente, o incluso cuando alguien abusa de uno física o sexualmente o cuando alguien asesina a un ser querido. Cuando vemos los distintos tipos de pecados de ofensa, pareciera haber distintos niveles. Pero en realidad el pecado es pecado.

Déjeme aclarar algo. Mientras que le enseño a la gente a perdonar, esto no significa que el agresor sea inocente. Perdonar no significa que la ofensa estuvo bien. Es uno tomando el paso de fe para ser más como Dios. Recuerde, Dios su Padre da y perdona. Somos sus hijos, por lo tanto necesitamos dar y perdonar. Cuando usted perdona es un acto que debe hacerse en el Espíritu del amor sobrenatural de Dios. Debemos perdonar y desatar lo que sucede en lo natural.

El abuso, mental, físico o sexual, casi siempre requiere más tiempo para poder sanar, y eso está bien. Recuerde, su espíritu, alma y cuerpo fueron violados. Es por su propio beneficio que le animo a que haga una decisión consciente de perdonar y olvidar. En verdad esto da comienzo a su sanidad. Remueve todo el derecho legal de que el atormentador esté allí. Después de que usted perdona va a tener que practicar a diario: "Tomé la decisión de perdonar. He decidido soltar esto".

Recomiendo grandemente buscar numerosos versículos del perdón y del amor, Escrituras en contra del temor y acerca de tener una mente sana. Un confiable grupo de apoyo cristiano también es importante. Humíllese y vea a su pastor. Tenga sesiones de consejería para reforzar el hecho de que usted es importante y que tiene un lugar en el Cuerpo. Algunos sanan más rápidos que otros. No sea duro consigo mismo. Recuerde que Dios le ama y nosotros también. Antes de que el Señor trajera el perdón estábamos esclavizados en un cuerpo caído, dirigido a la eternidad en el infierno. Nuestro espíritu, que es eterno, debe existir en algún lugar por la eternidad. Hay dos elecciones, una con Dios en la vida eterna, u otra en una prisión eterna, el lago de fuego.

Así que cuando el Señor ofreció el perdón, fue y es una llave que puede abrir nuestro destino eterno y librarnos del tormento de la prisión de la falta de perdón. Recuerde la frase con la que comencé el libro: *La fe mueve a Dios, pero el perdón desata su poder.*

Consideremos algo. Si el perdón desata el poder de Dios, entonces la falta de perdón desata el poder del diablo sobre nosotros. Ahora, no importa lo que nos hayan hecho o no nos hayan hecho, la respuesta correcta es perdonar. Escojamos perdonar, olvidar y amar con el amor de Dios. Hablaremos más acerca de olvidar hacia el final del capítulo. Ese es otro tema.

Falta de perdón hacia uno mismo

Recuerdo orar con una señora que vivía diciendo: "He perdonado a todos, aún a Dios, por todo y lo que sea, y aún me siento miserable y enferma. No puedo ser sanada". Escuché por un buen rato y la dejé desahogarse. Le pedí que me entretuviera y que orara la oración de la decisión consciente conmigo. Ella estuvo de acuerdo, y cuando llegamos a la parte donde hice que ella dijera: "Me perdono a mí misma por cualquier fracaso", ella comenzó a sollozar. Estaba tan enojada consigo misma porque seguía cometiendo los mismos errores vez tras vez. Tenía un estándar tan alto en su mente para su propia vida. En realidad, mantenía a todos en ese mismo estándar alto. Le enseñé que si ella bajara las expectativas de las personas, su nivel de estrés bajaría. Ella accedió. Luego le mostré que estaba siendo demasiado dura consigo misma. Fue criada por padres muy críticos. Ella reconoció esta falta, se arrepintió y se perdonó a sí misma. Instantáneamente, el poder de Dios fue desatado. Sobrepasó el poder de Satanás y fue sanada instantáneamente.

Vez tras vez, he visto a personas que eran demasiados duros consigo mismas o que no se perdonaban por pecados que lastimaban a otros. Tal vez estuvieron en un accidente manejando un vehículo y alguien del otro vehículo murió. Tal vez se culpan por un divorcio o por la pérdida de un familiar. La lista puede seguir y seguir. Pero es aún así la voluntad de Dios de que perdonemos a otros y a nosotros mismos. Debemos tomar un minuto para entender que la falta de perdón hacia otros, hacia nosotros mismo, y aún hacia Dios es pecado. La única manera que podemos vivir en amargura, falta de perdón y odio es estando en la carne. Cualquier cosa que no es fe es pecado. Una vez que escogemos perdonar y ver que está mal y que no es la voluntad de Dios, necesitamos arrepentirnos y pedirle a Dios que nos perdone.

Si confesamos nuestros pecados, él es fiel y justo para perdonar nuestros pecados, y limpiarnos de toda maldad (1 Juan 1:9).

Tenemos que decidir desde el momento en que nos levantamos cada día, elegir caminar en el Espíritu de Dios, ser un hacedor de la Palabra de Dios, así no vamos a estar en la carne y ser hallados sin agrado ante Dios.

El que dice: Yo le conozco, y no guarda sus mandamientos, el tal es mentiroso, y la verdad no está en él; pero el que guarda su palabra, en éste verdaderamente el amor de Dios se ha perfeccionado; por esto sabemos que estamos en él (1 Juan 2:4-5).

Vemos una maravillosa verdad aquí, que en aquel que mantiene su Palabra, el amor de Dios es perfeccionado. Vea esta Escritura:

En el amor no hay temor, sino que el perfecto amor echa fuera el temor; porque el temor lleva en sí castigo. De donde el que teme, no ha sido perfeccionado en el amor (1 Juan 4:18).

Una vez que nos convertimos en hacedores de la Palabra y cada día tomamos nuestra cruz, resistimos a Satanás y nos sometemos a Dios, vemos que las cosas empiezan a calmarse en nuestras mentes.

Manteniendo la Palabra, el amor es perfeccionado, y mientras es perfeccionado, el temor se aleja de nuestras vidas.

¿Puede ver por qué necesitamos amar y perdonarnos a nosotros mismos por los errores pasados y los pecados? Es para que podamos ser perfeccionados, entregando nuestro ser para ser usados por Dios. Recuerde, el enemigo siempre intentará que usted piense en cosas de su pasado y decirle que usted no es realmente salvo, que Dios no lo ha perdonado. Él siempre está diciendo que usted es un fracasado y que nunca será nadie. Dígale que se calle la boca y que se vaya, porque él es un mentiroso y no debemos tener comunión con las tinieblas. No pase tiempo ni hable con el diablo. Pase tiempo y hable con el Espíritu Santo. Él puede darle amor, sabiduría y consolación. Él le mostrará las cosas que han de venir. Él trabaja en nosotros y nos da convicción. El enemigo nos miente y nos condena.

Miremos una vez más Primera de Juan.

El que dice que está en la luz, y aborrece a su hermano, está todavía en tinieblas. El que ama a su hermano, permanece en la luz, y en él no hay tropiezo (1 Juan 2:9-10).

Creo que esto lo describe a usted amando a otros y amándose a sí mismo. Si debemos que amar a otros como a nosotros mismo, y no nos amamos a nosotros mismos, entonces no tendremos éxito. La gente lastimada lastima a la gente. La gente sanada sana la gente. La gente perdonada ama, así que cuando recibimos el regalo del perdón, estamos desatando el poder de Dios y su amor.

Ninguna palabra corrompida salga de vuestra boca, sino la que sea buena para la necesaria edificación, a fin de dar gracia a los oyentes. Y no contristéis al Espíritu Santo de Dios, con el cual fuisteis sellados para el día de la redención. Quítense de vosotros toda amargura, enojo, ira, gritería y maledicencia, y toda malicia. Antes sed benignos unos con otros, misericordiosos, perdonándoos unos a otros, como Dios también os perdonó a vosotros en Cristo (Efesios 4:29-32).

Falta de perdón hacia Dios

Esto es más común y corriente de lo que usted se imagina. El diablo sustrae por división. Él siempre le esta diciendo a la gente: "Si Dios es un buen Dios, ¿entonces por qué permitió que esto o aquello suceda?". Como pastor, he tenido que oficiar funerales de personas jóvenes que murieron en accidentes de autos como resultado de alguien que manejaba estando bajo los efectos del alcohol. Algunos de los familiares estaban enojados con Dios por haber matado a su muchacho y por habérselo llevado tan temprano. Déjenme decirles algo, Dios nos debe ser culpado cuando una persona mezcla el alcohol con conducir. No es Dios. Fue la decisión de la persona.

Tengo una simple teología de dos partes que creo que explica todo. Aquí está:

1. Dios es bueno.

2. El diablo es malo.

El ladrón no viene sino para hurtar y matar y destruir; yo he venido para que tengan vida, y para que la tengan en abundancia (Juan 10:10).

Aún cuando ocurren tormentas, terremotos o huracanes, la gente los llaman un acto de Dios. A Él lo culpan por todo lo que sale mal, mientras que nosotros nos llevamos el crédito por todo lo que sale bien. Muchas veces, Dios es culpado cuando la gente ora fuera de la voluntad de Dios y pide cosas que satisfacen su lujuria u oran por cosas que los van a lastimar. Tal vez la persona no es lo suficientemente adulta o madura espiritualmente. Cuando no reciben respuesta a sus oraciones, se enojan con Dios. La persona tal vez tenga duda o puede ser un individuo de doble ánimo; por lo tanto, es culpa de ellos que las oraciones no fueran respondidas. Aún así, culpan a Dios. Oiga la Palabra cuando dice:

Pero pida con fe, no dudando nada; porque el que duda es semejante a la onda del mar, que es arrastrada por el viento y echada de una parte a otra. No piense, pues, quien tal haga, que recibirá cosa alguna del Señor. El hombre de doble ánimo es inconstante en todos sus caminos (Santiago 1:6-8).

Comenzando en Génesis con el primer hombre, Dios fue culpado. Adán le dijo a Dios que el problema era "la mujer que me diste" (Génesis 3:12). Así es, cuando las cosas salen mal, es fácil culpar a Dios por las muertes prematuras, las tormentas y las tragedias. La gente necesita comenzar a tomar responsabilidad por sus propias acciones. La razón por la cual no lo hacen es porque si lo hacen, ellos son responsables de corregir lo que está mal y hacer las cosas bien. Aunque tenga Escritura sobre la cual se pueda afirmar y presentar su caso ante Dios, y ha removido toda la duda e incredulidad de su corazón, si su pedido de oración involucra a otra persona, Dios no va a ir en contra de su voluntad.

Él no es un maniático del control como podemos serlo nosotros. Él quiere que la gente lo ame y lo sirva porque escogen hacerlo.

Digamos que hay una hermosa mujer cristiana que asiste a la iglesia, trae sus diezmos, da a los pobres, es voluntaria y es fiel. Su corazón está bien delante del Señor. ¿No parece esto una linda y perfecta ilustración? Ahora digamos que su esposo no es salvo o que ha recaído y encuentra otra mujer y la abandona. La mujer cree, ora y ayuna y hace todo lo que puede, pero su esposo no vuelve ni se arrepiente. Dios está obligado por su Palabra a permitirle a cada uno tener libre albedrío. Si Dios hiciera algo en contra de la voluntad de las personas, Él estaría actuando como Satanás.

He visto a muchos hombres y mujeres enojarse con Dios porque Él no arreglaba los problemas en sus vidas. Creo que a Dios le encantaría arreglar todos estos problemas pero, nuevamente, hay leyes del universo y lo que la gente siembre eso cosecha. Él no irá contra la voluntad de otro.

Si tiene algo en su corazón contra Dios, donde ha juzgado a Dios severamente, perdónele y luego pídale a Él que le perdone a usted. Él es un Padre que ama, y Él entiende que usted fue lastimado y cegado por la lucha o por la prueba que atravesó.

Como pastor, he conocido buenos cristianos que murieron por enfermedades antes de su hora y sé que la persona quería ser sanada. Creían en la sanidad, toda su familia estaba de acuerdo y parecía como que Dios no les oía y se murieron. O tal vez su problema sea el divorcio, una muerte, la bancarrota, los hijos o su empleo; le animo y digo que Dios no está en falta. Tal vez yo no tenga todas las respuestas, pero una cosa sí sé: Dios es amor y Él quiere consolarle durante su pérdida o prueba. Tome una decisión consciente de perdonar a Dios y nunca más culparle a Él.

Guau, parece que estamos descubriendo que las ofensas, la amargura y la falta de perdón es usada como una de las mayores herramientas del diablo que jamás hayamos conocido. Tomemos la decisión de ser educados por Dios y de perdonar y amar. Separemos lo que fue hecho por persona como Dios hizo con nosotros. *"Cuanto está lejos el oriente del occidente, Hizo alejar de nosotros nuestras rebeliones"* (Salmos 103:12).

Así como Dios no solo perdona, sino que separa las obras de nosotros, cuando vengan pensamientos de una ofensa, debemos decir en voz alta: "No diablo, cállate la boca. He perdonado a esa persona, a mí mismo, o a Dios y los libré de toda penalidad".

A veces se necesita llevar nuestros pensamientos cautivos varias veces. Revivimos la ofensa por años, pero cambiemos esto y practiquemos el haber sido perdonados y desatados. La repetición es la clave del logro. Derribe fortalezas demoníacas y construya fortalezas divinas con la Palabra de Dios. *La fe mueve a Dios, pero el perdón desata su poder.*

Capítulo 6

SANIDAD Y LIBERACIÓN

Siempre me sentí atraído hacia la gente enferma y hacia los lisiados. Quería verlos libres, sanos y salvos. Cada oportunidad para orar por un enfermo, yo me anotaba. Solía ir a las tiendas y buscar a las personas que cojeaban o que utilizaban audífonos, o que caminaban con bastones, etc. Buscaba cualquier excusa para orar por la gente, para testificarles y contarles de las cosas buenas que el Señor había hecho por mí. Yo había estado atado por muchos años por el alcohol y las drogas. Demonios habían poseído y atormentado mi mente con temor; temor al fracaso y al rechazo.

Mi encuentro en aquella colina cuando invoqué su nombre me cambió para siempre, cambió mi destino y, desde entonces, las vidas de muchos.

Había tenido una experiencia y ahora tenía algo para contar. Ya no creía que Jesús era Señor, yo sé que ahora lo sé. Mi "saber" se había activado. Salvado, liberado, transformado y vuelto a nacer. Ahora soy una nueva criatura en Cristo Jesús, las cosas viejas pasaron. Me emociono solo de escribir esta experiencia.

Haber visitado África y estado en el campo misionero en otros países puede ver a otros ministros que hacían grandes milagros y sanidades en el nombre de Jesús. En algunas ocasiones, cuando yo oraba, algunas personas se sanaban, pero no como los resultados que otros veían. Comencé a pedirle a Dios que incrementara el flujo de poder para que la gente fuera sanada y liberada y que su nombre fuese glorificado. Él comenzó a mostrarme, en oración, que había una gran conexión con el perdón y la liberación y recepción de su poder. Me habló nuevamente esta frase, *La fe complace a Dios, pero el perdón desata su poder.* Comencé a pensar y ponderar en esta revelación. No había sido iluminado con el significado completo. *Señor, muéstramelo,* oré.

Un día estaba en mi oficina en la iglesia hablando por teléfono y una mujer tocó a la puerta. Era una vendedora de espacios publicitarios en televisión.

Le señalé que tomara asiento y que terminaría mi conversación en un minuto. Antes de colgar el teléfono el Espíritu Santo me habló diciendo: "Ella tiene rencor". Terminé la conversación telefónica y sin ni siquiera presentarme tuve el valor de decirle: "Dios me dijo que tienes rencor en tu corazón".

Comenzó a llorar de inmediato, y le tomé las manos y oré con ella para que perdonara a quienquiera que le había hecho daño. En el momento en que perdonó a las personas contra las que sentía rencor ella comenzó a gritar que sus manos habían sido sanadas. Yo no había orado por sanidad, ni tampoco sabía que tenía problemas en sus manos. Resultó ser que era esposa de un pastor y la gente de la iglesia maltrataba a su esposo, así que ella estaba guardando rencor y amargura. Había comenzado a tener dolores agudos en sus manos y antebrazos. No podía cerrar ni abrir las manos sin intenso dolor. El mismo minuto en que perdonó, el dolor atormentador se fue. Ella perdonó y el poder de Dios alejó los espíritus atormentadores y la sanó. Más tarde oré por su esposo y nos hicimos buenos amigos.

Antes de recibir esta revelación que conecta al perdón con la oración de sanidad, el éxito a la hora de orar por la gente era de 30 a 35 por ciento.

Ahora estaba incrementando grandemente. ¡Toda la gloria sea para Dios! Pedid y se os dará.

La oreja sorda

Antes parecía como que había más personas que no eran sanas que sanas, pero yo estaba determinado que la sanidad era para ese día. Lo había visto en mis viajes, y sabía que Dios amaba tanto a la gente aquí como en otras naciones. Tal vez esto del perdón y desatar su poder eran clave.

Me le acerqué a un hombre en la línea de oración y audazmente me contó una historia de cómo 12 años atrás había tenido una gran infección en su tímpano y de cómo los doctores habían removido su oído interno; tímpano, todo. Había estado sordo de ese oído durante 12 años. Él declaraba que Dios le había dicho que ese día sería sanado. Estaba muy entusiasmado. Parecía tener mucha fe. Pensé que iba a ser un milagro fácil y que el resto de la gente iba a poder elevar su fe a otro nivel.

Oré tres veces y no sucedió nada. Le dije que mantuviera la fe y que simplemente creyera. Comencé a orar por otras personas y ellas estaban siendo sanadas. De repente, el Espíritu Santo me habló y me dijo que tenía odio y falta de perdón en su vida. Me volví hacia él y declaré que Dios me había dicho que él tenía falta de perdón. De inmediato cayó de rodillas y se puso a llorar. Comenzó a contarme que odiaba a su pastor porque lo había avergonzado. Oré con él para que lo perdonara. Así lo hizo. Oré nuevamente por su oído. Y ¡gloria a Dios! El Señor hizo un milagro creativo y restauró todo lo que había sido removido, y podía oír a la perfección. Una vez más, el perdón fue entregado y el poder de Dios fue desatado.

Vayamos a la Palabra de Dios para confirmar todo lo que le estoy compartiendo. Un día, mientras leía su Palabra vi que el mismo Espíritu que perdona nuestros pecados es el mismo Espíritu que sana.

Y sucedió que le trajeron un paralítico, tendido sobre una cama; y al ver Jesús la fe de ellos, dijo al paralítico: Ten ánimo, hijo; tus pecados te son perdonados. Entonces algunos de los escribas decían dentro de sí: Este blasfema. Y conociendo Jesús los pensamientos de ellos, dijo: ¿Por qué pensáis mal en vuestros corazones? Porque, ¿qué es más fácil, decir: Los pecados te son perdonados, o decir: Levántate y anda? Pues para que sepáis que el Hijo del Hombre tiene potestad en la tierra para perdonar pecados (dice entonces al paralítico): Levántate, toma tu cama, y vete a tu casa. Entonces él se levantó y se fue a su casa (Mateo 9:2-7).

El Espíritu Santo me mostró que su gracia perdona y sana y que lo que impida el perdón también impedirá la sanidad. Vayamos a otros pasajes acerca del perdón.

Por tanto, os digo que todo lo que pidiereis orando, creed que lo recibiréis, y os vendrá. Y cuando estéis orando, perdonad, si tenéis algo contra alguno, para que también vuestro Padre que está en los cielos os perdone a vosotros vuestras ofensas. Porque si vosotros no perdonáis, tampoco vuestro Padre que está en los cielos os perdonará vuestras ofensas (Marcos 11:24-26).

No fue sino hasta después de la caída en el Jardín que el pecado y las enfermedades entraron al mundo. El Señor proveyó una medicina, una vacuna para ambos, y creo que es la gracia y el perdón de Dios. En el pasaje anterior vemos que si uno no perdona, eso bloquea el que uno sea perdonado. Si usted no perdona, su sanidad será bloqueada. Al mismo tiempo que el Espíritu Santo me dio esta revelación, acababa de terminar un largo ayuno de solamente agua que Él me indicó que hiciera ni bien volví de un viaje por África. Creo que el ayuno era para restaurar lo que se nos había robado en el ministerio. Le llamo a esto el ayuno del dominio, que es muy similar al ayuno de Jesús de cuarenta días. La humanidad había perdido el dominio de la tierra, así que su ayuno de cuarenta días comenzó a recuperar el dominio. La humanidad perdió cuando comió en el Jardín del Edén y Jesús lo volvió a reclamar sin comer. Piénselo.

Este ayuno también quitó la duda de nuestros ministerios para que podamos avanzar con esta revelación del poder del perdón. Debemos entender que el perdón quita:

- La culpa

- La condenación

- La culpa

- El pecado

- Las enfermedades y dolencias

El perdón es la puerta para lo sobrenatural. Desata el poder de Dios para la salvación, la sanidad y la libertad. Si se queda con algo de este libro, por favor aprenda que el perdón no es algo que recibimos; es la base de lo que predicamos, enseñamos y caminamos. No solo debemos recibir, sino vivir una vida otorgando el perdón. Debemos interceder para que el perdón sea liberado del cielo a la tierra y en todos aquellos que están infectados con la enfermedad del pecado que no fueron vacunados por su gracia.

Estamos por llegar a la Escritura que creo contiene la principal revelación para que la gente sea sanada, librada y salvada de las ataduras demoníacas.

Entonces se le acercó Pedro y le dijo: Señor, ¿cuántas veces perdonaré a mi hermano que peque contra mí? ¿Hasta siete? Jesús le dijo: No te digo hasta siete, sino aun hasta setenta veces siete [490 veces por día].

Por lo cual el reino de los cielos es semejante a un rey que quiso hacer cuentas con sus siervos. Y comenzando a hacer cuentas, le fue presentado uno que le debía diez mil talentos. A éste, como no pudo pagar, ordenó su señor venderle, y a su mujer e hijos, y todo lo que tenía, para que se le pagase la deuda.

Entonces aquel siervo, postrado, le suplicaba, diciendo: Señor, ten paciencia conmigo, y yo te lo pagaré todo. El señor de aquel siervo, movido a misericordia, le soltó y le perdonó la deuda.

Pero saliendo aquel siervo, halló a uno de sus consiervos, que le debía cien denarios; y asiendo de él, le ahogaba, diciendo: Págame lo que me debes. Entonces su consiervo, postrándose a sus pies, le rogaba diciendo: Ten paciencia conmigo, y yo te lo pagaré todo. Más él no quiso, sino fue y le echó en la cárcel, hasta que pagase la deuda. Viendo sus consiervos lo que pasaba, se entristecieron mucho, y fueron y refirieron a su señor todo lo que había pasado.

Entonces, llamándole su señor, le dijo: Siervo malvado, toda aquella deuda te perdoné, porque me rogaste. ¿No debías tú también tener misericordia de tu consiervo, como yo tuve misericordia de ti? Entonces su señor, enojado, le entregó a los verdugos, hasta que pagase todo lo que le debía. Así también mi Padre celestial hará con vosotros si no perdonáis de todo corazón cada uno a su hermano sus ofensas (Mateo 18:21-35).

La gente siempre quiere la gracia y el perdón cuando se trata de sus propios problemas, pero nos resulta difícil otorgárselas a otros que nos han lastimado a nosotros o a un ser querido. Incluso tal vez intentemos moviendo nuestros labios, tratando de ser obedientes al Señor, pero Él conoce si la decisión fue hecha en el corazón o si simplemente repetimos las palabras. Le animo a que le pida al Espíritu Santo que le ayude a tomar la decisión consciente de entregar su corazón dañado, duro y amargado a Él para que Él lo sane. Solo en ese entonces podrán irse los atormentadores. Lentamente, el enemigo usas marionetas humanas para ofender, lastimar y crear amargura. Él sabe que la gente lastimada lastima gente. Pero Dios sabe que la gente sana sana gente.

Debemos comprender que nadie puede sanar excepto en el nombre de Jesucristo de Nazaret. Su obra terminada en el Calvario, su muerte y resurrección cambiaron todo. Cuando Él fue atado contra el poste de los latigazos antes de ser crucificado, le golpearon fuertemente. Recuerde, mientras que estaba allí, y más tarde en la cruz, podría haber llamado a miles de ángeles y acabado con la función, pero Él no lo hizo. Alabado sea Dios, porque por sus marcas mientras estaba atado al poste recibiendo latigazos, tenemos disponible la sanidad mental, física y espiritual en su nombre. La sangre que derramó en la cruz perdona pecados.

Una deuda imposible

En las páginas anteriores leímos la parábola del hombre perdonado que no pudo perdonar. El Espíritu Santo comenzó a explicarme que en su

Reino la gente puede convertirse en ciudadanos si han sido perdonados. Su ciudadanía depende de si fueron tocados por el amor de Dios y llenos de él. Dios nos ha fortalecido con un combustible llamado amor; no un amor terrenal de condiciones, sino con un amor celestial que es incondicional. Su amor nunca falla. Nuestra fuente de combustible es un poder que no falla y que, cuando se desata, siempre brindará aceptación y perdón. A veces perdonamos, pero no aceptamos. Sí, sé que hay momentos en los que no podemos continuar una relación con la gente, como en situaciones de violación, homicidio y otros abusos. Aún así debemos perdonar para mantenernos en regla con los principios del Reino. El amor de Dios no puede explicarse por completo. Es cuando alguien da su vida por otra persona que no lo merece. Jesús lo hizo por mí.

La parábola del siervo que le debía a su amo y no le podía pagar habla de usted y de mí debiendo una deuda que no podríamos pagar y Él nos la perdonó, nos la absolvió. Él pagó una deuda que no debía. Ahora este mismo siervo salió después de que su amo con tanta gracia le perdonara toda su deuda. No solo fue perdonado, sino que era libre de deudas. Todo lo que estaba en contra suya desapareció.

Hermanos, yo mismo no pretendo haberlo ya alcanzado; pero una cosa hago: olvidando ciertamente lo que queda atrás, y extendiéndome a lo que está delante, prosigo a la meta, al premio del supremo llamamiento de Dios en Cristo Jesús (Filipenses 3:13-14).

Ahora libre de deudas, salió y fue a tratar con alguien que le debía y no quiso mostrarle gracia ni misericordia. Negándole el perdón, su corazón fue juzgado como perverso por su amo. Lo llamó siervo perverso. Era llamado siervo, no hijo. Un siervo no camina en el amor y el perdón del Padre. No representa la casa como lo hace un hijo de la casa.

Fuimos adoptados y perdonados. Se nos exige que representemos al Padre celestial. Por lo tanto, debemos caminar en gracia y misericordia, perdonando a todos los que nos piden o desean esta gracia. Estoy convencido de que se necesita caminar en el Espíritu de la gracia para otorgar gracia. La Biblia nos dice que Dios nos encuentra en el trono de la gracia para hablarnos. Si Él, un ser perfecto, se encuentra con nosotros en el trono de la misericordia, ¿cuánta más gracia y misericordia debemos recibir cada día para tratar con la gente? Después de haber sido juzgado como perverso, esta persona fue entregada a sus atormentadores, y luego Jesús le dice a sus oyentes: "Así también hará vuestro Padre celestial con ustedes". De inmediato, cuando oí la palabra "atormentadores", me vino este versículo a la mente:

En el amor no hay temor, sino que el perfecto amor echa fuera el temor; porque el temor lleva en sí castigo. De donde el que teme, no ha sido perfeccionado en el amor (1 Juan 4:18).

Rehusarnos a perdonar nos traerá el castigo de que se nos desaten espíritus atormentadores sobre nosotros. La Biblia nos dice que el temor es un espíritu. 2 Timoteo 1:7 dice: *"Porque no nos ha dado Dios espíritu de cobardía, sino de poder, de amor y de dominio propio"*.

Llegué a la conclusión de que los espíritus atormentadores pueden ser el problema con aquellas personas que experimentan miedos y fobias. Incluso llegué a creer que las enfermedades y dolencias que los doctores no pueden curar eran atormentadores que fueron dados un lugar por medio de la falta de perdón o temor que nació de situaciones traumáticas. Creo que el Espíritu Santo me revelaba esto y decidí que si esto era de Dios entonces lo aplicaría en las líneas de oración y en situaciones de consejería. Al principio comencé lentamente, pero ha elevado los porcentajes de sanidad en nuestro ministerio de treinta y cinco a setenta y cinco por ciento. Eso es maravilloso.

Verdaderamente libre

Lea acerca de esta señora y de cómo Dios la libró. Habíamos tenido la iglesia en Parkersburg tan solo por poco más de un año. Había un doctor que nos enviaba a sus pacientes a la iglesia si en verdad querían ser sanados.

Recibí una llamada suya acerca de una mujer con severas fobias a las multitudes, a la gente y a lugares públicos. No había salido de su casa por dos años, excepto para ir al doctor y luego cerraba sus ojos hasta que llegaba allí y los volvía a cerrar cuando tenía que regresar a la casa. Mantenía las persianas cerradas y las luces tenues. La llamé y me dijo que podía ir a visitarla. Hice que una mujer de la iglesia se reuniera conmigo allí y después de hablar con ella me enteré que su exesposo abusó de ella, la golpeó y la abandonó. Desde que él la dejó, había estado en instituciones mentales seis veces, había perdido su licencia de conducir por sus convulsiones, había perdido su empleo y estaba en total discapacidad. Estaba siendo atormentada en esta prisión de temor.

Le hablé del perdón y de cómo funcionaba

y de que ella podía ser libre si perdonaba. Tenía que hacerlo tanto por su propio bien así como por el bien de Dios. Con mucha dedicación y ánimo, pudo orar con nosotros. Lloraba y sollozaba incontrolablemente. Una vez que perdonó a su exesposo una paz vino sobre su rostro y lloró silenciosamente, agradeciéndole al Señor.

Esa misma noche vino a la iglesia. Habían sido dos años en la prisión de su hogar. Estaba un poco nerviosa, pero vino. Me sentí tan orgulloso de ella y tan agradecido con el Señor. Dos días después, me llamó a mi celular. Estaba gritando. Le tuve que decir que tenía que hablar calmamente para que le pudiera entender. Entonces me dijo que estaba en Wal-Mart y que había mucha gente. Que no tenía miedo y que estaba testificando de su milagro e invitando gente a la iglesia. Ella perdonó y los espíritus de tormento no tenían espacio legal para estar allí. A Dios sea la gloria por mostrarnos estas llaves del Reino.

Hemos visto muchas fobias, enfermedades y tormentos mentales ser sanados de manera instantánea después de perdonar el pasado de gente que les lastimó o les hizo una maldad. El suyo tal vez sea:

• Exesposo / exesposa

- Primer novio / primera novia

- Un profesor de la escuela

- Entrenador

- Padres / abuelos

- Pastores / gente de la iglesia

- Jefe / compañero de trabajo

- O tal vez un criminal que le tuvo como víctima

Cualquiera que haya sido su experiencia traumática o dolor, alguien que le mintió, le traicionó o le ridiculizó, su falta de perdón le abre la puerta al tormento. Hemos visto artritis, bursitis y la fibromialgia sanadas. Hemos visto parálisis que desaparecieron. También vimos que a la falta de perdón ensordecer oídos, cegar ojos y entumecer piernas. Muchos recibieron la oración de grandes ministerios. Pero una vez que perdonaron de su corazón, no solo de labios, recibieron la sanidad.

Me di cuenta de que uno no puede ser perdonado si no perdona, así que comencé a orar antes de la oración de salvación y sanidad para que la gente perdonara a los demás, se perdonaran a sí mismos e incluso a Dios. He visto tantas personas llegar a la iglesia y luego desaparecer. Respondieron a llamados al altar y oraron la oración del pecador, pero parecía que no iba a haber ningún cambio en sus vidas. Quería ver un verdadero cambio por parte del Espíritu Santo donde corazones perversos y malvados se convirtieran en corazones que son blandos y amables, compasivos y perdonadores. Sigo haciendo esto hoy día, haciendo que la gente ore y perdone a todos su ofensores antes de orar la oración de salvación o sanidad. Hace mucho tiempo que estoy para saber que deben ser educados en el tema, así que tomo unos pocos minutos para enseñarles de los impedimentos de la falta de perdón.

Recuerde: *"La fe mueve a Dios, pero el perdón desata su poder"*. Al mismo tiempo, la falta de perdón desata o le da lugar al poder de Satanás. No puedo contar la cantidad de gente cuyas vidas fueron cambiadas por este mensaje; cientos, incluso miles. Prediqué acerca del perdón en países como Sudáfrica, Nicaragua y Costa Rica. Prediqué en reservas indígenas. Ni importa si se trata de un africano, latino, anglosajón, paquistaní, afroamericanos o de otras razas, no importa quién, Jesús murió por todos e hizo arreglos para que todos seamos perdonados y podamos perdonar. La salvación incluye el perdón, la sanidad, la liberación y prosperidad, para ser restaurados de nuestras aflicciones. Todo lo que se le había perdido a la humanidad fue redimido en el Calvario por medio de la muerte de entrega de Jesucristo. En la corte de los cielos tienen registrado que el perdón y la restauración con el Padre está disponible para cada persona que responde al llamado desde su trono. Es para cada uno que responde al clamor del corazón de Dios para perdonar y ser perdonado. Debemos permitirnos ser sanados y librados. Quiero tomarme el tiempo para compartir algunos testimonios de gente de distintas razas, culturas y estratos sociales. A medida que perdonaban y recibían el perdón, fueron sanados.

Testimonios de sanidad

Los siguientes testimonios son de hombres y mujeres que habían estado atormentados mental o físicamente, con dolor crónico, ansiedad, enfermedades, o dolencias, que oraron para hacer una decisión consciente para perdonar y han visto el poder de Dios desatado para su sanidad.

Nota especial: Le damos todo el crédito y la gloria a Jesús por todas las sanidades. Solo Jesús salva y sana.

Kimberly de Alabama

¡Alabado sea nuestro Dios! Es con gozo y gratitud que escribo este mensaje. He sufrido de artritis psoriásica por casi cinco años. Casi cinco años atrás comencé a tener multitud de síntomas físicos: cansancio extremo, dolor horrible en las articulaciones, un salpullido en una de mis piernas, náuseas, pérdida de peso, anemia severa, mis manos y mis labios se volvían azules, así como otros síntomas. Después de dos años, luego de ver a diez doctores, fui diagnosticada con artritis psoriásica. Sin cura (la opinión del mundo) y las medicinas para controlar la enfermedad estaban cargadas de efectos secundarios. No tenía calidad de vida y tampoco pude seguir trabajando como enfermera. Había días en los que simplemente el caminar en un cuarto me dejaba sin aliento.

Mi vida emocional era muy difícil. Mi esposo y yo no nos llevábamos bien, y estábamos tratando de criar a nuestra niña de cuatro años. Durante esos años comencé a atormentarme tanto en mis pensamientos; estaba amargada, enojada, enferma todo el tiempo, y no podía creer que la gente me tratara de la forma en que lo hacían. Esto incluía a mi esposo, nuestros hijos, mi familia, mi familia política, todos. Todo esto mientras asistía a la iglesia, sonreía en público y hasta leía mi Biblia.

Creía que todos necesitaban cambiar. Le pedía ayuda a Dios, pero lo más largo que las cosas se volvían, lo más distante que Él se volvió para mí. Algunos meses atrás empecé a tener pensamientos de perdón. Escuchaba a maestros hablar sobre eso y hasta puse una notita en mi computadora para acordarme de ser una persona perdonadora. No lo logré. Dos meses atrás lo vi a usted, Dr. Adams, en la televisión. Escuché, y mi espíritu finalmente escuchó las palabras de esperanza. Ordené sus series y comencé a escuchar los CD. No recuerdo exactamente cuál CD u oración pudo haber sido, ¡pero lo logré! ¡He sido liberada, transformada y sanada de mi artritis! Tengo energía y un corazón feliz. La semana pasada pude viajar con mi esposo y nuestra niña en un viaje de negocios por primera vez. La llevé a una granja y caminé sin dolor o dureza. Pude agacharme y mirar renacuajos en un estanque por un buen rato. Me paré y comencé a caminar. Fue en ese momento que me di cuenta de que la artritis había desaparecido completamente. Antes, si lograba agacharme, tenía que ponerme en mis manos y en mis rodillas y me costaba levantarme, y luego tener que lidiar con el dolor hasta que podía moverme otra vez. *¡Ya no más!*

Mi esposo hasta me dice que mi apariencia cambió; la gente me dice que lo oyen en mi voz. ¡Mi relación con mi esposo fue restaurada! Cuando Dios te transforma, cuando eres obediente, nada va a detener el impacto que vas a tener, no solo en ti, pero también en los que están alrededor tuyo. Sigo escuchando las series y trabajando en llevar cada pensamiento cautivo y orando por perdón constantemente. Sé que por su gracia lo voy a lograr. Hay más en mi historia; el Señor todavía está trabajando, y estoy lista para decir lo que el Señor ha hecho y está haciendo en mi vida.

Gracias, Dr. Adams, por ser obediente, por escuchar al Espíritu Santo y por compartir la revelación de Dios. Aceptar a Cristo fue lo más importante que jamás haya hecho, aprender a perdonar está al lado de eso y completa el trabajo de la cruz en mi vida. Que Dios bendiga su vida, su familia y su iglesia. Quiero que todos escuchen este mensaje. Estoy muy entusiasmada de compartir aún más de las maravillosas obras de Dios.

Jill de Ohio

A pesar de una medicación muy fuerte, todavía sufría de dolor crónico en mis hombros y otras complicaciones por 11 años. El dolor era intolerable.

Mi esposo es de la India, y su hermana que vive ahí había visto al pastor Brian Adams en el programa de Sid Roth *"¡Es sobrenatural!"* y nos pidió que visitáramos la iglesia que está a dos horas de nuestra casa.

Visitamos La Roca con gran esperanza y expectativa de recibir un milagro de nuestro Señor Jesús con el pastor Brian Adams como el vaso escogido y la iglesia como su lugar escogido. Recibí mi milagro. Finalmente no tengo más dolor. Le agradezco a Dios por su gracia, amor y misericordia. Verdaderamente Él me ha redimido de la destrucción.

Le agradezco a Dios y al ministerio del pastor Brian y la familia de la iglesia por estar ahí para mí. Les animo a todos los que buscan un milagro de sanidad de ponerse en contacto con este ministerio sometiéndose a Jesús y esperando un milagro. *¡Alabado sea el Señor!*

Kelly de Ohio

El pastor Brian vino a West Virginia el 5 de marzo de 2011. Tenía dolor en mi cuello y mandíbula. Mi seno nasal estaba bloqueado. El pastor Brian oró por mí. Me levanté la siguiente mañana sin dolor. Dos días más tardes no tenía más presión ni drenaje en mi seno nasal. Estaba completamente sana. Gracias Jesús.

Sue de Texas

A través del teléfono con el Dr. Adams, fui liberada inmediatamente de la depresión, ansiedad y un problema auditivo en mi oído derecho. También oré por mi visión. Ahora estoy creyendo por una una visión 20/20.

Rev. Collins de Colorado

El Dr. Adams estuvo en Denver, Colorado ministrando en nuestra iglesia. Muchos fueron sanados en esa reunión. Mi hermana en Tulsa, Oklahoma había perdido el 70 por ciento de la audición en los dos oídos. El Dr. Adams oró por ella en el teléfono y Dios la sanó. Está escuchando bien ahora. Gracias Dios por el Dr. Adams.

Esther de Ohio

Mi esposo y yo nos mudamos aquí desde Florida hace un año y medio atrás. En la Florida, el 28 de diciembre de 2007, me dijeron que tenía un cáncer en etapa cuatro en el seno y que ya se había regado a todo mi cuerpo. Me dieron 6 meses de vida y un 30 por ciento de probabilidad de llegar a los 3 años. Sentimos que Dios nos dirigía a mudarnos de vuelta a casa, pero yo estaba indecisa porque no quería que mi familia pensara que me estaba mudando a casa para morir. La Palabra de Dios dice que yo fui sana y que voy a vivir una larga vida. Yo creí en el reporte de Dios, no en el de los doctores. Buscamos una iglesia donde los pastores predicaran la Palabra de Dios y creyeran en la sanidad. En marzo de 2010 encontramos La Roca en Jackson, Ohio, con pastores que se conectaron con nosotros a través de la Palabra. La primera noche que estuvimos allí, el pastor Brian oró la oración del acuerdo conmigo de que yo estaba sana y que viviría y no moriría. Eso en sí mismo fue una bendición. Pocos pastores orarían esa oración con fe y sin resguardo. Un tiempo después, los doctores me dijeron que tenía varios tumores en la membrana alrededor del cerebro y me hicieron terapia de radiación. No pensaban que sería de mucho beneficio. Una vez más, por fe, el pastor Brian oró por un milagro para mí. Después de los tratamientos de radiación, los doctores hicieron una tomografía. Esperaron dos meses porque el doctor dijo que diría más. Fui por el reporte y mi doctora me tomó de la mano y comenzó a bailar, alabando al Señor y llamándome su paciente milagrosa. La tomografía estaba perfecta, mucho mejor de lo que ella esperaba. Unos meses después tuve que volver para otros exámenes y otra tomografía. Todos los reportes volvieron perfectos; los doctores estaban asombrados. Diciembre del 2010 se cumplió la marca de los 3 años que celebramos. Dios es bueno y fiel para cumplir su Palabra. Es más que capaz de hacer lo que Él prometió. Es una bendición tener un pastor que no tiene temor de orar la Palabra de Dios sobre la vida de uno. Las oraciones del pastor y de la gente de la iglesia han sido un gran aliento para mí y para muchos otros. Toda la

EL PODER DEL PERDÓN

gloria sea a Dios y a los pastores que Él puso en el Cuerpo de Cristo. Somos bendecidos.

Deanna de Misuri

El pastor Brian oró por mi hijo y mi hija. Mi hijo tenía un tipo de tumor creciéndole en la espalda. Tenía turno para una tomografía cuatro días después de que oraran por él, y no hay señal de nada en su espalda. Mi hija tenía un nivel bajo de glóbulos blancos y no podía aumentar de peso. Pudo aumentar casi un kilo antes de su siguiente turno y sus niveles de glóbulos están perfectos. Ya no se encuentran preocupados por su peso. Ella está de lo más bien. La predicación del pastor Brian verdaderamente me ayudó a enfocar mi vida en la dirección correcta.

Kimberly de Illinois

El pastor Brian visitó nuestra iglesia en Illinois y Dios lo usó para hablarme a mi vida de manera poderosa. Estaba luchando con algunas ofensas y dolencias en mí y no estaba segura de cómo tratar con ellas. Sabía que me lastimaban a mí y a la iglesia porque las ofensas habían venido de un miembro del liderazgo. Dios sanó mi corazón de tantas formas en esos días y la última noche Dios me habló palabras que hacía tanto necesitaba oír. Sentí que estaba siendo amada y corregida a la vez y lo recibí y permití que esas palabras me cambiaran, ahí, sanando áreas que pensé que nunca podrían sanarse. Sé que una verdadera renovación ocurrió y estoy tan agradecida que Dios me amara tanto a mí para enviar a alguien a que me hablara cuando más lo necesitaba. ¡Gracias Jesús!

Sheila de los Estados Unidos

Cuando nuestro pastor invitó al pastor Brian a que viniera, muchos en la iglesia estaban entusiasmados. El pastor Troy había estado en la iglesia unos días antes con el pastor Brian. El Espíritu Santo llenó nuestros servicios con tanto poder y la otra noche, le pedí al pastor Brian que orara por mis pies para que fueran sanos del dolor que llevaba por mucho tiempo. Así lo hizo. Rápidamente el dolor desapareció. Lo único que podía decir era, "¡Es verdad! ¡Es verdad" Luego comencé a correr sin dolor. Gracias, Jesús. Alabado sea el Señor. Dios es bueno.

Cole Oakley de Ohio

Fui diagnosticado con distonía de torsión. Esto fue a raíz de una lesión de fútbol americano. Sufrí por más de cien días. Tenía que usar un cabestrillo en el brazo derecho. Todo mi lado derecho estaba tullido. Es un trastorno tan raro que solo hay cuatro casos en todo el mundo, de los cuales tres son en África. Después de que el pastor Brian orara por mí, el dolor se fue, y pude pararme derecho. El doctor dijo que esto era incurable. Mi familia y yo nos habíamos dado por vencidos y no sabíamos qué hacer. Salí caminando libremente, sin el cabestrillo ¡y parado completamente erguido! ¡Le doy toda la gloria a Dios!

Deanna de los Estados Unidos

Tenía un severo dolor en mi pierna y cadera. Tenía que caminar con un bastón. Después de que el Dr. Brian orara por mí mi pierna se mejoró y pude caminar sin el bastón. El dolor se había ido por completo.

Marilyn de Nuevo México

Tenía glaucoma y mi visión estaba disminuyendo. Después de la oración, pude ver bien inmediatamente. Al siguiente día fui al oculista y ya no tenía más el glaucoma. ¡Gracias Jesús!

Carol de Nuevo México, Navajo Nation

Tenía problemas para respirar por causa del asma y siempre andaba con oxígeno. Cuando me oraron, puede respirar tranquilamente sin mi oxígeno. Alabado sea el Señor.

Rosemary de Nuevo México, Navajo Nation

Tenía dolor en mi espalda, piernas y rodillas por causa de la artritis. Después de recibir la oración, el dolor se fue y ahora puedo agacharme y mover. Gracias, Jesús.

Lucinda de Navajo Nation

Sufría de un dolor severo en mis manos durante años. Ya no las podía ni abrir ni cerrar. Cuando el pastor Brian oró por mí, el dolor se fue de inmediato de mis manos y mis dedos se movían libremente. Por fin fui sanada.

Katherina de Nuevo México, Navajo Nation

Todo mi cuerpo me ha estado doliendo por años. Pies, columna, espalda y todos mis huesos me dolían mucho. Los doctores no daban con el problema. Necesité ayuda para llegar al altar. Cuando oró por mí, sentí unas cosquillas cálidas sobre todo el cuerpo. El dolor se había ido y ahora podía caminar sin ayuda. Dios es verdaderamente maravilloso.

Christine de New México, Navajo Nation

Tenía un dolor muy agudo en el lado izquierdo de mi pecho por el cáncer. Hoy me había hecho quimioterapia y me sentía muy débil. Después de la oración, el dolor se había ido por completo y me siento mucho mejor.

Nicole de Navajo Nation

Mi oído derecho tenía pérdida auditiva y mi brazo izquierdo tenía dolor. El pastor oró por mí y el dolor se fue de mi brazo y mi oído fue completamente abierto.

Emily de Nuevo México, Navajo Nation

Tenía asma y un soplo en el corazón. Después de orar, podía oírlo latir nuevamente y podía respirar mejor. Gracias Señor.

Evelyn de Arizona, Navajo Nation

Mis dedos estaban cerrados y me dolían. No los podía abrir ni estirarlos. Después de la oración, ahora se abren y cierran sin dolor. Alabado se el Señor.

Christina de Nuevo México, Navajo Nation

No podía oír de uno de mis oídos por cuatro o cinco días. Ahora podía oír perfectamente despúes de la oración. Gracias Jesús.

William de Nuevo México, Navajo Nation

Una vez que me sentaba por mucho tiempo luego no podía caminar por el dolor en mi espalda. También tenía como un setenta por ciento de pérdida auditiva en los oídos. Después de que el pastor orara por mí, podía sentarme y pararme o caminar sin dolor y mis oídos se abrieron por completo. Gracias a Dios por su milagroso poder.

Delbert de Nuevo México, Navajo Nation

Tenía mucho dolor en mis piernas y entré al servicio caminado con un bastón. Después que oraron por mí todo el dolor se fue y caminé sin bastón.

Lisa de Vienna, West Virginia

Tenía dolor en mis hombros por seis años, y ahora el dolor se fue por la oración. Gloria al Señor.

Deanna de West Virginia

Cuando oraron por mí, Jesús sanó mi espalda y quitó el zumbido de mis oídos. Gloria al Señor.

Jeanne de Ohio

Me faltaba cartílago en mi rodilla y tenía mucho dolor. Recibí la sanidad y el dolor se fue por completo. Gracias Jesús por reponer el cartílago en mi rodilla.

Wayne de West Virginia

Mis dos rodillas carecían de cartílago y caminaba con mucho dolor. Cuando el pastor Brian oró por mí Jesús me sanó y ahora camino normalmente sin dolor.

Eleanor de Nuevo México, Navajo Nation

Nací sin tímpano en mi oído izquierdo. Tengo sesenta y cuatro años y en una reunión en la reserva el pastor Brian oró por mí y ahora oigo ciento por ciento. Sesenta y cuatro años de silencio y ahora puedo oír perfectamente en ese oído. ¡Gracias Jesús!

Melissa de Ohio

Mi hijo Jeremías nació el 13 de mayo de 2008. Cuando nació, no se movía. No tenía nada de vida como por doce minutos. Dios lo resucitó y le dio vida. Dos semanas después el doctor vino y me dijo que era completamente ciego. El doctor me dijo que debíamos estar agradecidos de que sobrevivió. También me dijo que tenía apnea e hipertensión. Le dije al doctor que sabía que él sobreviviría porque Dios le devolvió la vida y porque no está con Él aún. Luego comencé a asistir a la iglesia del pastor Brian, y comenzaron a orar por su ceguera. Lo llevé de nuevo al oculista y el doctor dijo que podía ver por completo. Sé que Dios es real y que Él sana. Dios puede hacer cualquier cosa. Usted solo tiene que creer.

Karen de West Virginia

Había sido atacada por episodios periódicos de vértigo por varios años. Le dije al doctor y me envió a un especialista. Empeoré y comencé a tener ataques diarios cuando me encontraba de vacaciones. Me hicieron estudios y durante el estudio fui a La Roca y el pastor Brian oró por mí. No tuve más vértigo desde ese entonces y el especialista no me encontró nada: ni tumores, ni quistes ni ningún otro problema. Inventó un diagnóstico solo para decir algo y me dio el alta. Gracias Señor y gracias Brian por llamarme; soy un poco callada en la iglesia, pero Dios sabe quiénes somos y cuáles son nuestros problemas sin que le digamos a nadie.

Nada de fuegos artificiales ni cosas dramáticas, ¡solo la maravillosa bondad de Dios y su gran amor vinieron sobre mí y me sanaron! ¡Me sentí como si me envolvieran en una cobija, guau! ¡Servimos a un poderoso Dios!

Nikki Bledsoe de Ohio

En 1998, después de un estresante día, regresé a casa para darme un baño de burbujas. Esta vez, la presión del agua me hizo un agujero en el tímpano. Fui a un especialista para que me reconstruyera un nuevo revestimiento, pero me dijo que nunca volvería a oír de ese oído. Pero en el 2007 el Señor tenía otros planes. Oí un maravilloso mensaje acerca de la sanidad por parte del pastor Brian, el cual me animó a dar un paso de fe, a confiar en su Palabra y a creer que Él todavía hace milagros hoy. Me alegro que di ese paso. Después de orar por mi oído, recuperé ciento por ciento de la audición, instantáneamente, la cual mantengo hasta el día de hoy. Aprendí que Dios en verdad ama incondicionalmente a cada uno de nosotros de manera individual y que debemos amarnos los unos a los otros de la misma manera. Esa parte fue un poco más difícil de aprender. Le pedí al Señor que me mostrara cómo hacerlo y por dónde empezar. Me reveló que me faltaba amor porque todas las veces que había sido lastimada en el pasado me habían convertido en una persona amargada que se sentía sola y rechazada. Luego vi cómo Jesús nunca nos deja sintiéndonos solos, rechazados o sin amor. Luego Él se me acercó ¡y convirtió mi corazón de piedra en uno de carne nuevamente! Sentí como que mi corazón había sido removido y arrojado al fuego. ¡Sabía que Él estaba haciendo algo! Luego se me decía lo radical que había sido el cambio en mí. Mi única respuesta: ¡El amor de Dios es maravilloso y tiene suficiente para usted también!

James de Ohio

Tengo 72 años de edad y tenía discos herniados y artritis. Los doctores dijeron que no podían hacer nada por mí. Había pasado de un bastón a un caminador y pronto estaría en una silla de ruedas. Estuve caminando con algún tipo de asistencia durante ocho años, y caminando muy lentamente. Además tenía hipertensión la cual me causaba un zumbido en los oídos. Cuando el pastor Brian oró por mí sentí al Espíritu Santo como nunca antes. Comencé a vibrar por todos lados y mi espalda y mis pies estaban bien calientes. Después de que parara la vibración me puse de pie y comencé a correr por la iglesia, completamente sano de toda dolencia y del zumbido en mis oídos. Me sentí nuevamente joven. Mi esposa tomó mi caminador y yo me puse de pie y me fui caminando bien erguido. ¡Alabado sea el Señor!

Jessie de Ohio

Tenía lo que se denomina enfermedad de Barrett. Causa una erosión en el esófago la cual es acompañada por mucha tos. Cuando se oró por mí sentí un temblor incontrolable por todo mi cuerpo. Mi dolor se fue y mi tos cesó. ¡Gracias Jesús!

Dennis de West Virginia

Unos veinte años atrás me lastimé muy severamente mis rodillas por el desgaste e impacto de haber practicado el esquí. Durante los últimos cinco años el dolor había incrementado a tal punto que experimentaba dolor con cualquier tipo de actividad básica como subir las escaleras o caminar a un ritmo rápido.

El sábado por la noche el pastor Brian oró por mis rodillas y sentí el poder de Dios fluyendo en mis articulaciones. La mejor forma en la que puedo describir la experiencia es que sentí como si un gel caliente era aplicado sobre mis piernas. En cuestión de minutos ¡ya no sentía más dolor! Salté y me arrodillé y me sentí como si tuviese veinte años de edad nuevamente. Gloria a Dios, fui sanado.

Peggy de Ohio

Tuve una apoplejía y me dejó la pierna derecha más corta que mi pierna izquierda. El pastor Brian oró por mis piernas y ahora tienen el mismo tamaño. Alabo a Dios porque me sanó y por la sabiduría, el don de la sanidad, el cuidado y por el tiempo para otros que el pastor Brian comparte tan libremente.

Pastor Patterson de Ohio

A los setenta y cuatro años de edad fue diagnosticado con cáncer de próstata y había perdido casi diez kilos. Estaba muy débil y cansado y tenía problemas para comer. Su nivel de cáncer de próstata se elevó a 487,00, y después de haber orado en la oficina de la iglesia él regresó dos semanas después, había recuperado los diez kilos y el nivel ahora era de 1,3. Ahora se encuentra sano. ¡A Dios sea la gloria!

Brenda de Ohio

Conocí al pastor Brian en el funeral de un amigo. Me preguntó si podía orar por mí. Fui sanada de pérdida auditiva y la fibromialgia de la que padecía por diez años. En otro momento tuve un hombro entumecido y no podía elevar mi brazo, y también fui sanada de eso. ¡Le agradezco a Dios por enviar a un verdadero hombre de fe a nuestras vidas!

Shannon de Texas

Tuve una apoplejía y perdí casi cincuenta por ciento del uso de mi brazo izquierdo. Solo podía lograr diez libras de presión cuando apretaba algo. Cuando oró por mí fui sanada por completo, tenía uso total de mi brazo y le di mi vida al Señor. ¡Me siento maravillosamente!

Nicole de Texas

Me quebré la mano y habían pasado unas tres semanas. El doctor dijo que se necesitarían seis semanas para que se sanara. El pastor Brian oró por mí y el dolor se fue. Al siguiente día, el doctor me dijo que había sido sanada por completo. ¡Gloria a Dios!

Reverendo Taylor de Texas

Fui librado de un gran odio y rencor hacia la gente que me lastimó. Una vez que perdoné fui sanado de una arritmia cardíaca y de la diabetes. ¡Gracias Dios!

Ether de Texas

Tenía dificultades para caminar por un gran dolor en mi espalda y en mis piernas. El pastor Brian oró por mí y el dolor desapareció.

LaShana de Texas

Fui sanada de fibromialgia. ¡Gracias Jesús!

Stella de Ohio

Vine a visitar la iglesia La Roca en Jackson y yo era un desorden total. Sufría de depresión, estaba sorda de mi oído derecho y setenta por ciento sorda en mi oído izquierdo. Mi mano derecha estaba quebrada e hinchada y no había ido al doctor por problemas financieros. El pastor Brian oró por mi mano y el dolor se fue de inmediato, así como la hinchazón. Luego oró por mis oídos y fueron sanados en ese instante. Acepté al Señor como mi Salvador y la depresión desapareció al instante. Gracias por todo Jesús.

Eddie de California

Nací de nuevo y fui librado del rencor, el enojo, las inseguridades y la pornografía.

Dave de California

Tenía setenta por ciento de pérdida auditiva en ambos oídos y un zumbido, además de dolor en mi espalda y en mi cuello. Mis oídos fueron restaurados completamente y el dolor desapareció.

Lloyce de California

Mi dolor de cuello y de espalda fue sanado por completo.

Emilio de California

Un accidente automovilístico le dejó con daños cerebrales. No podía mover las piernas, ni las manos ni el cuello y tenía limitada movilidad de sus brazos. No hacía contacto visual y tenía impedimentos de habla y problemas de concentración. El pastor Brian oró por él y comenzó a mover el cuello, mirando a la gente y moviendo sus brazos y piernas. ¡Gloria a Dios!

LaShawn de California

Tenía una laminectomía lumbar con fusión espinal con soportes metálicos que me mantienen dolorida y evitan que pueda doblarme o darme vuelta. Ni siquiera podía levantar las piernas. El pastor Brian oró por mí y el dolor desapareció. Ahora puede encorvarme, darme vuelta y levantar mis piernas. Estoy tan bien como antes de lastimarme. ¡Gracias Jesús!

Cristal de California

Fui librada de temor, opresión y condenación. Fui atormentada por ellos casi toda mi vida. ¡Ahora soy libre!

Mattie de California

Fui sanado de múltiples problemas en mi espalda.

Crsytal de California

Fui sanada de fibromialgia, estenosis espinal, dolores de cuello y espalda, discos herniados y de la artritis en las rodillas. ¡Gloria a Dios!

Daryl de California

La separación de retina de mi ojo derecho fue sanada. ¡Gracias Jesús!

Rosae de California

Me lastimé la rodilla y necesitaba una operación. Ahora el dolor se fue; estoy sana.

Sofía de California

Oraron por mis problemas de vista y mi vista fue restaurada. ¡Sí!

Guy de Missouri

En marzo del 2007 en Missouri, el pastor Brian oró por mi sanidad. Mi corazón estaba deteriorado y tenía solo veintiún por ciento de la fracción de eyección a raíz de una falla eléctrica en el ventrículo izquierdo. Fui sanado cuando el pastor Brian oró por mí. Regresamos a casa ese fin de semana y el martes fui a ver al cardiólogo para una cita de rutina para un electrocardiograma. Mi corazón ya no tenía problemas eléctricos. Todo mi corazón latía de manera sincronizada como nunca antes.

Josefina

Tengo cuarenta y dos años. Dos años atrás tuve un accidente en el trabajo. Me caí de las escaleras y la siguiente semana tuve que operarme de la rodilla. Los doctores me informaron que ya no iba a poder caminar sin una rodillera. Mientras el Dr. Brian tenía una reunión de avivamiento en la iglesia, yo asistí y fui adelante para que él orara por mí y le pidiera a Dios que me sanara la rodilla. Oró por mi rodilla y me pidió que me pusiera de pie e hiciera algo que antes no podía hacer. Me dijo que corriera ida y vuelta por el pasillo. Al principio tenía dudas, pero dije de acuerdo. Corrí por el pasillo, ida y vuelta, sin dolor. Fui sanada.

Eddie de los Estados Unidos

Después de una endoscopia en mi esófago y estómago mi doctor me dijo que no le agradaban los resultados. Esperando encontrar una infección bacterial que podría tratarse fácilmente encontró, en su lugar, un posible cáncer en los intestinos. Esto parecía ser una probable respuesta con un resultado terminal. Me rehusé a hacerme el siguiente estudio sin antes ir a la iglesia para que oraran. Bueno, el Señor envió a Brian Adams a mi vida. Oró por mí y la presencia del Espíritu Santo fue muy fuerte. Algo en verdad ocurrió en mi estómago. Hacía ruido y se retorcía a la vez. Leí, oí casetes, y repetí versículos de sanidad día tras día e incluso la noche antes de mi siguiente estudio. El día que debía ir a hacerme los estudios sentí que el Señor me decía que me había dado un milagro. Cuando el doctor entró en la sala de examinación estaba frotando sus manos y sonriendo. Me dijo: "No puedo explicarlo, pero tus estudios están dentro de niveles normales". Agradecemos al Señor por permitirnos conocerle a usted y oramos por su familia y su ministerio.

Tracie de los Estados Unidos

Fui diagnosticada con depresión bipolar y con trastorno de personalidad múltiple. Oía voces en mi cabeza y nunca tenía un momento de paz. Era una bomba de tiempo andante. Tenía un gran trauma emocional debido a abusos, abandono y rechazo en mi niñez, los cuales plantaron muchas semillas de amargura en mi alma y le abrieron la puerta al enemigo para que atacara. Brian Adams predicó en un servicio de avivamiento en mi iglesia y el último día sentí la necesidad de responder al llamado. El momento en que las manos de Brian tocaron mi cabeza las voces cesaron.

Toda la gloria es para Dios y muchas gracias
por la oración respondida.

Capítulo 7

HERRAMIENTA PARA LA COSECHA

Siempre y cuando nuestros ojos estén sobre nosotros y nuestros sentimientos y emociones, nos removemos de los negocios del Reino. Es tiempo de ganar almas y traerlas al Reino del Dios. La Palabra de Dios nos dice que el Señor no quiere que nadie se pierda.

Porque el Hijo del Hombre ha venido para salvar lo que se había perdido (Mateo 18:11).

El Señor no retarda su promesa, según algunos la tienen por tardanza, sino que es paciente para con nosotros, no queriendo que ninguno perezca, sino que todos procedan al arrepentimiento (2 Pedro 3:9).

Debemos nacer de nuevo en el Espíritu y por agua. Si no perdonamos, no podemos ser perdonados. Su Palabra nos dice que debemos arrepentirnos de nuestros pecados y nacer de nuevo. Recuerden nuestra frase: La fe mueve a Dios, pero el perdón desata su poder. Cuando su perdón es otorgado, su poder se desata. Su poder es el Espíritu Santo, la tercera persona de la Trinidad.

La Palabra de Dios nos dice que Él, el Espíritu Santo, convence al mundo de sus pecados. Cuando perdonamos, y hasta le pedimos perdón a Dios, el poder de convicción de Dios es desatado desde los cielos y ahora la obra ha comenzado para la salvación de esta persona.

A quienes remitiereis los pecados, les son remitidos; y a quienes se los retuviereis, les son retenidos (Juan 20:23).

Nos hemos convertido en discípulos de Cristo y distribuidores de perdón. Debemos enseñarlo, predicarlo, caminarlo, vivirlo, profetizarlo, respirarlo y aún morir en su poder. La gracia de Dios, su perdón, se convierte en la atmósfera donde los milagros ocurren.

Su enojo ha sido aplacado con la muerte de su Hijo. Él nos ha perdonado y puso el perdón a la disposición de todos los que lo piden. También podemos soltarlos por medio de le intercesión a aquellos que no son salvos. Cristo lo hizo mientras estuvo en la cruz. *"Padre, perdónalos, porque no saben lo que hacen..."* (Lucas 23:34).

Para caminar verdaderamente en el perdón de Dios, debemos rendirnos totalmente al Espíritu de Dios, porque se necesita el amor sobrenatural de Dios para perdonar de la manera que Él quiere que perdonemos. El amor de Dios no es un amor condicional. Es incondicional. Él nos amó aun siendo pecadores y continúa amándonos. Recuerden, ninguno de nosotros merecíamos ser perdonados por Dios. Es el amor y la gracia de Dios lo que nos perdona. Una vez que recibimos esto, debemos dárselo a los demás.

La Palabra nos dice que al que mucho se le perdona, mucho ama. El verdadero perdón ocurre cuando nos arrepentimos de nuestros pecados, cuando dejamos de hacer las cosas mal. Ser perdonado desata el poder de Dios para romper el poder del pecado. Cuando esto sucede y abandonamos la prisión del pecado, nos regocijamos y después queremos contarles a otros para poder ver a otros experimentar este mismo poder. Es nuestra obligación el informar a otros de este maravilloso perdón que

Dios ha puesto a disposición para todos aquellos que lo aceptan.

El perdón de Dios no es un acontecimiento de una sola vez, su misericordia se renueva cada día.

Si confesamos nuestros pecados, él es fiel y justo para perdonar nuestros pecados, y limpiarnos de toda maldad (1 Juan 1:9).

Solamente a través de Cristo podemos ir al Padre y solo su amor puede desatar su perdón. Su perdón desata su poder para sanar, liberar y transformar. La gente no puede ser salva por sí misma. Debe haber gente clamando que Dios los perdone y los salve de sus pecados. Si demandamos justicia para las personas cuando estamos enojados con ellos, los encerramos en sus pecados. Esta nos es la voluntad de Dios. Nosotros somos los agentes de Dios en la tierra para pedir, como Cristo lo hizo, que sean perdonados.

El efecto del perdón es la herramienta más poderosa para la evangelización que el hombre haya conocido. Cuando somos perdonados y entendemos que los pecados de otros son resultado de su ignorancia, que están siendo enceguecidos por el dios de este mundo, Satanás, deseamos que ellos sean liberados de su control y puedan sumergirse en el amor de dios.

Aún mientras escribo el último capítulo de este libro sobre la cosecha, debo ser completamente honesto. Solamente entiendo este poder sobrenatural hasta cierto punto. Es una llave, una herramienta, un principio del Reino en el que verdaderamente debemos comenzar a caminar. Cada uno de nosotros es un ministro capaz de la reconciliación con Dios. Debemos predicar que podemos ser perdonados por medio de la gracia sin obras, que esto es un regalo. Luego podemos educar que una vez que recibimos el perdón, somos empleados para distribuir lo que hemos recibido.

Siempre escuché que uno puede agarrar más moscas con miel que con vinagre. El Evangelio de Cristo es buenas nuevas. ¿Lo que estás predicando es buenas nuevas a los que lo están escuchando? ¿Estás siendo un mensaje celestial de buenas nuevas a los habitantes de esta tierra?

Como verá, Dios no sigue enojado con la humanidad. Su ira ha sido aplacada con la muerte de Su Hijo Cristo Jesús ahora que el pecado pagó su precio. La paga del pecado es muerte y el precio lo pagó Jesús. Lo que Dios tiene para darle al hombre ahora es bueno.

¿O menosprecias las riquezas de su benignidad, paciencia y longanimidad, ignorando que su benignidad te guía al arrepentimiento? (Romanos 2:4)

Debemos decirle a todos los hombres y a todas la mujeres que pueden ser perdonados y pueden recibir su perdón del cielo. Oh, esto me entusiasma cada vez que pienso, hablo o escribo sobre este tema.

Porque de tal manera amó Dios al mundo, que ha dado a su Hijo unigénito, para que todo aquel que en él cree, no se pierda, mas tenga vida eterna (Juan 3:16).

Primero debe amor por parte de Dios. El amor humano es condicional. El amor de Dios es incondicional. El perdón es fruto del amor. Antes de que el fruto crezca debe de haber en el Reino una atmósfera de paz, justicia y gozo. Jesús nos dio una paz que el mundo no conoce. Él nos dio su justicia, la que recibimos por fe. Cuando vemos nuestras oraciones contestadas, nuestro gozo está lleno.

En esta atmósfera celestial, su amor a través nuestro, fertilizado por nuestra carne crucificada, produce este antídoto llamado perdón. El acto de perdonar el uno al otro levanta a Cristo. Es como revivir la escena de Él en la cruz del Calvario. Estamos representando a Cristo siendo levantado.

Y yo, si fuere levantado de la tierra, a todos atraeré a mí mismo (Juan 12:32).

Oremos al Señor de esta cosecha para que obreros sean enviados a la cosecha, obreros fortalecidos con el poder del perdón. Si no leemos y estudiamos para vernos aprobados ante Dios, entonces no vamos a saber cómo responder correctamente a las tormentas y ofensas que vengan contra nosotros. Si deambulamos con resentimiento, vamos a hacer en el Reino más daño que bien. Si tenemos una postura de defendernos a nosotros mismos, repelemos en vez de atraer a los pecadores.

Recibir para dar

Recibir perdón es una de las más grandes respuestas a una oración. Nuestras oraciones contestadas desatan el gozo. El gozo del Señor es nuestra fortaleza. Una vez que hayan llegado los tiempos de arrepentimiento, tiempos refrescantes, de gozo manifiesto, y de ser vivificados atraen a los pecadores a nosotros. Empiezan a preguntarnos por qué estamos tan felices. Simplemente respondemos que hemos sido perdonados, redimidos y absueltos. Un sustituto ha tomado nuestro lugar y ha pagado el precio de nuestros pecados. Luego hacemos disponible este mismo perdón a ellos.

Cuando intercedemos y le pedimos al Señor que perdone a las personas, nos escuchamos a nosotros mismos hablar sobre alguien siendo perdonado. Recordamos nuestra experiencia y todo comienza otra vez, el gozo, la fortaleza, tiempos de refrigerio y el poder de Dios fluyendo de nosotros. Nos convertimos en una ventana entre el cielo y la tierra por la cual el mensaje del perdón puede ser predicado, desatado y distribuido.

La fe mueve a Dios, pero el perdón desata su poder. Este poder convence, convierte, rompe yugos, libera, sana y abre los ojos y oídos para ver y escuchar desde el cielo.

El perdón es la naturaleza, el carácter y hasta la personalidad de Dios. Su gracia y misericordia se renueva cada mañana.

Si caminamos en el poder del perdón, nos convertiremos en poderosos evangelistas trayendo almas a la gloriosa luz del Señor Jesucristo. El perdón emana salud, felicidad y santidad desde el Reino de Dios.

Debemos entregar nuestras vidas por el bien de nuestros queridos hermanos y hermanas, como lo hizo Cristo. Debemos convertirnos en hacedores de la Palabra de Dios así su amor se perfeccionará en nosotros. Mientras este amor se perfeccione, el temor será echado fuera de nosotros. Entonces compartiremos sin temor a morir, el poderoso mensaje evangélico del perdón. Debemos decirle al mundo que Dios no está enojado con ellos y que Él quiere perdonar a todos y restaurar la relación de "Padre a hijo" (ver Mal. 4:6).

Hemos sido educados que el pecado, el odio y la amargura han cegado los ojos de las personas. No solo tenemos que predicar este mensaje, sino que debemos convertirnos en intercesores de almas. Así como Cristo en la cruz, debemos pedirle a Dios que perdone a las personas porque no saben lo que hacen. La Escritura nos dice que lo que desatamos en la tierra eso es desatado en el cielo.

Miremos a Jesús. Él perdonó los pecados del hombre que fue bajado del techo, de la mujer que fue encontrada en adulterio, el hombre que tenía la mano seca y muchos más. Él desató perdón en la tierra, y luego oró para que sea desatada por Dios en el cielo. Los ganadores de almas expertos deben de saber estos secretos del Reino, misterios que han sido ocultos de la Iglesia por el diablo a través de la religión. Jesús nos dijo que nosotros tenemos el derecho de saber los misterios del cielo.

Entonces, acercándose los discípulos, le dijeron: ¿Por qué les hablas por parábolas? El respondiendo, les dijo: Porque a vosotros os es dado saber los misterios del reino de los cielos; mas a ellos no les es dado (Mateo 13:10-11).

Los escribas y Fariseos tenían problemas con un simple ser humano que podía perdonar los pecados en la tierra. Cristo nos ha dado algo del poder de remisión de pecados. Antes de que entre en pánico y piense que estoy hablando herejía, déjeme explicarlo. No podemos salvar a alguien sin su participación, pero podemos interceder y remitir algunos pecados. Mientras vemos en la Escritura, recuerde que cuanto más pecado una persona tenga, más terreno legal tiene el enemigo para sostenerlo. Mediante la oración y la remisión, estamos trabajando con Dios para aliviar un poco de presión, pidiendo al Espíritu Santo de Dios que intervenga.

A quienes remitiereis los pecados, les son remitidos; y a quienes se los retuviereis, les son retenidos (Juan 20:23).

Jesús sabía que Él regresaría al Padre, y que el trabajo de la cosecha recién comenzaba. Cuando Él comisionó a la gente para que prediquen y sanen, en esa predicación estaban incluidas la oración y la remisión.

Si alguno viere a su hermano cometer pecado que no sea de muerte, pedirá, y Dios le dará vida; esto es para los que cometen pecado que no sea de muerte. Hay pecado de muerte, por el cual yo no digo que se pida (1 Juan 5:16).

Nuestra comisión

Debemos comenzar a remitir el pecado de la gente en el nombre de Jesús y pedirle al Señor que perdone los pecados. Recuerde, cuando el perdón de Dios es otorgado, su poder es desatado. Otra vez, lo vuelo a repetir. Su poder no es otro más que la tercera persona de la Trinidad, el Espíritu Santo, quien nos convence de pecado. Capas del pecado del mundo y la penalidad de estos pecados comienzan a ser pelados, y el Espíritu Santo puede ahora comenzar a convencer a la gente y a remover la ceguera de sus ojos donde el dios de este mundo los ha enceguecido así pueden ver su necesidad de Cristo.

Este tipo de oración e intercesión por Dios el Padre para que tenga misericordia y salve es muy poderosa. Se nos requiere que conectemos con el cielo y que seamos entrenados para ser embajadores de Cristo, yendo adelante, predicando y compartiendo el amor de Dios, convirtiéndonos en distribuidores del poder del perdón.

Usted y yo tenemos el antídoto para esta enfermedad que causa la segunda muerte llamada pecado. El cielo quiere que armemos estaciones y que ofrezcamos esta vacuna para curar esta plaga demoníaca que está corriendo desenfrenadamente. El infierno ha abierto y agrandado su boca porque muchos han muerto en esta condición. Alguien debe gritarle a este mundo, hay un cielo para ganar y un infierno para evitar. ¿Quién es este alguien? Es usted y yo.

Hay una gran comisión que fue dada por Cristo desde el cielo a nosotros aquí en la tierra. Debemos, como un ejército del cielo, tomar nuestro lugar sin egoísmo para decirles a las personas que no solo necesitan ser perdonados, pero que todos necesitamos perdonar.

Cuando el cielo escucha nuestro clamor y nuestra oración pidiendo perdón, no solo por nosotros sino por otros, entonces la tierra experimentará un avivamiento del poder de Dios como nunca antes. Limpiará y depurará a la humanidad. Prepárese, mientras perdona, su poder será desatado.

Capítulo 8

NOTA DEL CORAZÓN DE KAREN

Mientras estoy sentada meditando y ponderando sobre las diferentes estaciones de mi vida, creo que la simplicidad del Evangelio se encuentra verdaderamente en el acto del perdón. Tal vez la palabra *acto* deba estar en mayúscula, porque creo que para muchos es simplemente un *Hecho* del que queremos hablar, pero un *Acto* que nunca tenemos intención de aplicar en nuestras vidas.

Habla grande. Puede hacernos sonar tan espirituales y amorosos. Parece ser lo que todos sabemos que debemos hacer como seres humanos, pero la cosa más difícil que la mayoría de nosotros jamás hará. ¿Por qué? Porque nos hace vulnerables. De acuerdo con lo que leo en las Escrituras, puedo decirle esto. El perdón es algo que continúa saltando desde Génesis hasta el Apocalipsis. Parece estar entrelazado a lo largo de cada libro de la Biblia. El libro de Génesis comienza con un mundo perfecto para terminar en el último capítulo con José, quien había sido engañado grandemente por sus hermanos, ofreciendo perdón a su familia.

Y enviaron a decir a José: Tu padre mandó antes de su muerte, diciendo: Así diréis a José: Te ruego que perdones ahora la maldad de tus hermanos y su pecado, porque mal te trataron; por tanto, ahora te rogamos que perdones la maldad de los siervos del Dios de tu padre. Y José lloró mientras hablaban. Vinieron también sus hermanos y se postraron delante de él, y dijeron: Henos aquí por siervos tuyos. Y les respondió José: No temáis; ¿acaso estoy yo en lugar de Dios? Vosotros pensasteis mal contra mí, mas Dios lo encaminó a bien, para hacer lo que vemos hoy, para mantener en vida a mucho pueblo. (Génesis 50:16-20).

Muchos años atrás leí un devocional escrito por una mujer que tenía una nieta muy joven quien había sido brutalmente violada y asesinada. Ella clamó a Dios, preguntando cómo iba alguna vez a perdonar a este hombre que había sido tan despiadado con su nieta. Ella sabía que como cristiana, que si no perdonaba, no podía ser perdonada. Aun así el crimen había llegado tan profundo a su ser que no sabía cómo iba a poder liberar a este hombre. Mientras buscaba al Señor en oración, el Señor le habló y le dijo: "No mires la obra *hecha*. Mira la *necesidad* que este hombre tiene de ser perdonado". ¡Guau! Que llave del perdón le reveló el Señor a esta abuela golpeada por el dolor.

He ponderado esta historia muchas veces a través de los años cuando me encuentro en momentos en los cuales requiero del perdón. Es realmente humillante pensar en esto, como mi esposo lo dijo en los primeros capítulos, verdaderamente hemos sido llamados por Dios para ser un "distribuidor del perdón".

Siempre escuché que el mejor regalo que puedes darle a alguien es un nuevo comienzo. Esta puerta a la entrada tiene un letrero arriba, *perdón*.

Todos tenemos nuestras historias de lucha. Las cosas que hemos atravesado en nuestras vidas han hecho las personas y las familias que nos hemos convertido. Nuestra familia no es diferente. Aún en medio de Brian escribiendo este libro, la batalla ha sido tan intensa. Parece que cada "trapito sucio", cada herida, cada ofensa, siguen apareciendo para perseguirnos, o tal vez atacarnos sería una mejor palabra. Pero debemos diariamente *hacer una decisión consciente* de perdonar.

El diablo no quiere que el mensaje del perdón alcance a los perdidos y dolidos. El diablo quiere que el mensaje de "Yo nunca te perdonaré" sea la voz más fuerte en tu mundo. Pero no importa que plan tenga Satanás, la única voz verdadera habló desde la cruz: *"Padre, perdónalos, porque no saben lo que hacen"* (Lucas 23:34). Esa voz es la voz de la verdad que no puede ser silenciada pero que debe ser proclamada por nosotros como creyentes.

Me encanta la siguiente frase de Corrie ten Boom, una cristiana que sobrevivió un campo de concentración nazi durante el Holocausto. Ella dijo: "Perdonar es liberar a un prisionero, y darte cuenta que el prisionero eres tú".

Mi liberación

Nunca me olvidaré de un día muy especial de liberación en mi vida personal. Tenía un secreto dentro de mi corazón por muchos años. En ese momento, sentía que no había forma de arreglar el desorden que había hecho. Había liberado y perdonado a todos los involucrados excepto a mí misma. Estaba en la iglesia orando sola una mañana, y puedo recordar al Señor que me paró en alto y me dijo estas palabras. "No temas, quédate quieta, y ve la salvación de tú Dios. Porque el enemigo que ves hoy no lo verás nunca más". La verdad me fue revelada ese día. Sabiendo que la palabra que Él me habló se encuentra en el libro de Éxodo, comencé a leerlo, y la revelación para mi avance fue revelada.

Y Moisés dijo al pueblo: No temáis; estad firmes, y ved la salvación que Jehová hará hoy con vosotros; porque los egipcios que hoy habéis visto, nunca más para siempre los veréis (Éxodo 14:13).

Ese día me di cuenta de que tenía un egipcio que me estaba persiguiendo, y Dios lo llamó "mi enemigo". Había sido perseguida, atacada y atormentada por ese enemigo, todo eso sabiendo que había sido salvada y perdonada por Jesús. ¿Cómo pudo tener el poder para agotarme?

La llave de mi liberación se encuentra en la historia de la palabra que Dios me habló ese día. Todos hemos leído muchas veces la historia de cuando el mar Rojo se partió. Dios le dijo a Moisés que le dijera a su pueblo que "siguieran adelante". Créame, usted pueden moverse cuando Dios dice que se mueva. Él no puede ser detenido, y Él no va a retroceder su Palabra con usted así como tampoco lo hizo con Moisés. Al levantar la vara, el mar Rojo se partió, y más de un millón de personas cruzaron en tierra seca. Pero esto no es el final de la historia. Continuemos leyendo.

Y siguiéndolos los egipcios, entraron tras ellos hasta la mitad del mar, toda la caballería de Faraón, sus carros y su gente de a caballo. Aconteció a la vigilia de la mañana, que Jehová miró el campamento de los egipcios desde la columna de fuego y nube, y trastornó el campamento de los egipcios, y quitó las ruedas de sus carros, y los trastornó gravemente. Entonces los egipcios dijeron: Huyamos de delante de Israel, porque Jehová pelea por ellos contra los egipcios. Y Jehová dijo a Moisés: Extiende tu mano sobre el mar, para que las aguas vuelvan sobre los egipcios, sobre sus carros, y sobre su caballería. Entonces Moisés extendió su mano sobre el mar, y cuando amanecía, el mar se volvió en toda su fuerza, y los egipcios al huir se encontraban con el mar; y Jehová derribó a los egipcios en medio del mar. Y volvieron las aguas, y cubrieron los carros y la caballería, y todo el ejército de Faraón que había entrado tras ellos en el mar; no quedó de ellos ni uno (Éxodo 14:23-28).

Mientras estaban en el proceso de seguir adelante, había un enemigo persiguiendo. Ellos caminaron sobre tierra seca, pero la liberación no fue completa hasta que Moisés extendió su mano otra vez para que las aguas volvieran y ahogaran al enemigo. Como puede ver, se nos ha dado la autoridad no solo para partir el mar Rojo de las dificultades en nuestras vidas, pero se nos ha dado la autoridad para cerrar la puerta de atrás.

El enemigo que me estaba persiguiendo era la falta de perdón. No me había perdonado a mí misma por las acciones que habían traído vergüenza a mí y a mi familia. Oré ese día, me liberé, y puedo decir con todo lo que soy que, "el enemigo que vi ese día no me persiguió jamás". Estaba libre de los pensamientos atormentadores, los remordimientos, la condenación, el temor que había causado estragos en mi mente y en mis emociones.

Mientras estaba tecleando la mayor parte del material que ha leído en este libro, me encontré con algo que me pareció muy interesante. Cada vez que iba a teclear la palabra "falta de perdón", me encontraba con la pequeña y serpenteante línea roja que me avisa de un error ortográfico. Encontré interesante el que mi computadora no reconociera la palabra "falta de perdón". Tuve que añadirla al diccionario de mi computadora. Esta es la forma en la que nuestros corazones deben ser. Así como el disco duro de mi computadora no reconoció la palabra, tampoco debe ser encontrada en el disco duro de nuestros corazones. Si la encuentras, debemos inmediatamente apretar la tecla borrar y así borrar ese archivo de una vez por todas. Todos hemos escuchado durante años el dicho, "Los cristianos no son perfectos, solo perdonados". Ese es otro de esos dichos que suenan muy bien, pero va a llevar tomar una "decisión consciente" para abandonarla en nuestras vidas.

Al tomar esta decisión, no estoy diciendo que el poder del perdón es una licencia para que usted u otros pequen. No estoy diciendo que el perdón está justificando el comportamiento de alguien. Cuando escogemos perdonar, no estamos diciendo, "Lo que me hiciste a mí o a alguien otro está bien". Lo que el perdón me dice a mí es esto: *"Tus acciones es algo para que Dios se ocupe, no para que yo me ocupe"*.

Creo que el poder del perdón es el combustible que mantiene nuestros corazones ardiendo con el deseo de no solo seguir a Dios sino de alcanzar a los perdidos en este mundo. *El perdón no siempre es la cosa más fácil de hacer, pero es siempre la cosa correcta.* ¿Ha pensado alguna vez sobre lo fácil que es ministrar a alguien que está atravesando por una situación que no conoce, en la cual no está involucrado, ni tampoco conoce a ninguna de las partes que estaban involucradas? Siempre parece que tenemos más compasión de ministrar a ellos. Pero esa misma compasión debemos mostrarla a aquellos que nos han lastimado. Debemos rendir nuestras vidas aún por aquellos que nos han lastimado o nos han hecho algo malo, eso sin mencionar a aquellos que han hablado mal de nosotros. Esta es la regla que debemos usar para medir el grado de perdón en el que estamos caminando hoy. No se quede corto. Agrandemos nuestros corazones otra vez. Cerremos la puerta, ahoguemos al enemigo, caminemos por el lugar donde el egipcio de la falta de perdón que nos persiguió, no lo veamos nunca más.

ORACIÓN DE SALVACIÓN Y SANIDAD

Yo hago una decisión consciente de perdonar a cada persona que alguna vez me haya lastimado, manipulado, controlando, o me haya hecho algo malo. Me perdono a mí mismo por cualquier mala decisión o acción que haya hecho. Perdono a Dios por cualquier vez que haya sentido que mis oraciones no eran contestadas o que Él no haya estado ahí conmigo. Dejo el pasado atrás. Creo que Jesús es el Hijo de Dios y que Él vino a la tierra en la carne. Creo que Él murió por mis pecados, derramó su sangre en la cruz y que Dios lo levantó de los muertos para que yo pueda ser salvo. Jesús, perdóname por mis pecados y entra a mi corazón y sé mi Señor y Salador. En el nombre de Jesús, confieso ahora que soy salvo y que he nacido de nuevo.

(Le animo a que inmediatamente prosiga con el bautismo en agua y conviértase en un miembro activo de una iglesia local que crea en la Biblia.)

Apéndice B

ESCRITURAS DEL PERDÓN

Y perdónanos nuestras deudas, como también nosotros perdonamos a nuestros deudores. Y no nos metas en tentación, mas líbranos del mal; porque tuyo es el reino, y el poder, y la gloria, por todos los siglos. Amén. Porque si perdonáis a los hombres sus ofensas, os perdonará también a vosotros vuestro Padre celestial; más si no perdonáis a los hombres sus ofensas, tampoco vuestro Padre os perdonará vuestras ofensas. (Mateo 6:12-15).

Porque, ¿qué es más fácil, decir: Los pecados te son perdonados, o decir: Levántate y anda? Pues para que sepáis que el Hijo del Hombre tiene potestad en la tierra para perdonar pecados (dice entonces al paralítico): Levántate, toma tu cama, y vete a tu casa (Mateo 9:5-6).

Por tanto os digo: Todo pecado y blasfemia será perdonado a los hombres; más la blasfemia contra el Espíritu no les será perdonada. A cualquiera que dijere alguna palabra contra el Hijo del Hombre, le será perdonado; pero al que hable contra el Espíritu Santo, no le será perdonado, ni en este siglo ni en el venidero (Mateo 12:31-32).

Entonces se le acercó Pedro y le dijo: Señor, ¿cuántas veces perdonaré a mi hermano que peque contra mí? ¿Hasta siete? Jesús le dijo: No te digo hasta siete, sino aun hasta setenta veces siete (Mateo 18:21-22).

¿No debías tú también tener misericordia de tu consiervo, como yo tuve misericordia de ti? Entonces su señor, enojado, le entregó a los verdugos, hasta que pagase todo lo que le debía. Así también mi Padre celestial hará con vosotros si no perdonáis de todo corazón cada uno a su hermano sus ofensas (Mateo 18:33-35).

¿Por qué habla éste así? Blasfemias dice. ¿Quién puede perdonar pecados, sino sólo Dios? (Marcos 2:7).

Para que viendo, vean y no perciban; y oyendo, oigan y no entiendan; para que no se conviertan, y les sean perdonados los pecados (Marcos 4:12).

Por tanto, os digo que todo lo que pidiereis orando, creed que lo recibiréis, y os vendrá. Y cuando estéis orando, perdonad, si tenéis algo contra alguno, para que también vuestro Padre que está en los cielos os perdone a vosotros vuestras ofensas. Porque si vosotros no perdonáis, tampoco vuestro Padre que está en los cielos os perdonará vuestras ofensas (Marcos 11:24-26).

No juzguéis, y no seréis juzgados; no condenéis, y no seréis condenados; perdonad, y seréis perdonados (Lucas 6:37).

Entonces respondiendo Jesús, le dijo: Simón, una cosa tengo que decirte. Y él le dijo: Di, Maestro. Un acreedor tenía dos deudores: el uno le debía quinientos denarios, y el otro cincuenta; y no teniendo ellos con qué pagar, perdonó a ambos. Di, pues, ¿cuál de ellos le amará más? Respondiendo Simón, dijo: Pienso que aquel a quien perdonó más. Y él le dijo: Rectamente has juzgado (Lucas 7:40-43).

Por lo cual te digo que sus muchos pecados le son perdonados, porque amó mucho; más aquel a quien se le perdona poco, poco ama. Y a ella le dijo: Tus pecados te son perdonados (Lucas 7:47-48).

Mirad por vosotros mismos. Si tu hermano pecare contra ti, repréndele; y si se arrepintiere, perdónale. Y si siete veces al día pecare contra ti, y siete veces al día volviere a ti, diciendo: Me arrepiento; perdónale (Lucas 17:3-4).

Y Jesús decía: Padre, perdónalos, porque no saben lo que hacen. Y repartieron entre sí sus vestidos, echando suertes (Lucas 23:34).

Diciendo: Bienaventurados aquellos cuyas iniquidades son perdonadas, y cuyos pecados son cubiertos (Romanos 4:7).

Así que, al contrario, vosotros más bien debéis perdonarle y consolarle, para que no sea consumido de demasiada tristeza (2 Corintios 2:7).

Y al que vosotros perdonáis, yo también; porque también yo lo que he perdonado, si algo he perdonado, por vosotros lo he hecho en presencia de Cristo, para que Satanás no gane ventaja alguna sobre nosotros; pues no ignoramos sus maquinaciones (2 Corintios 2:10-11).

Antes sed benignos unos con otros, misericordiosos, perdonándoos unos a otros, como Dios también os perdonó a vosotros en Cristo (Efesios 4:32).

Y a vosotros, estando muertos en pecados y en la incircuncisión de vuestra carne, os dio vida juntamente con él, perdonándoos todos los pecados, anulando el acta de los decretos que había contra nosotros, que nos era contraria, quitándola de en medio y clavándola en la cruz, y despojando a los principados y a las potestades, los exhibió públicamente, triunfando sobre ellos en la cruz (Colosenses 2:13-15).

¿Está alguno enfermo entre vosotros? Llame a los ancianos de la iglesia, y oren por él, ungiéndole con aceite en el nombre del Señor. Y la oración de fe salvará al enfermo, y el Señor lo levantará; y si hubiere cometido pecados, le serán perdonados. Confesaos vuestras ofensas unos a otros, y orad unos por otros, para que seáis sanados. La oración eficaz del justo puede mucho (Santiago 5:14-16).

Si confesamos nuestros pecados, él es fiel y justo para perdonar nuestros pecados, y limpiarnos de toda maldad (1 Juan 1:9).

El que dice que está en la luz, y aborrece a su hermano, está todavía en tinieblas. El que ama a su hermano, permanece en la luz, y en él no hay tropiezo. Pero el que aborrece a su hermano está en tinieblas, y anda en tinieblas, y no sabe a dónde va, porque las tinieblas le han cegado los ojos (1 Juan 2:9-11).

Acerca del Dr. Brian Adams

El Dr. Brian Adams es el pastor de LA ROCA situada en Jackson, Ohio. La pasión de Brian es de desafiar a los creyentes a "atrévete a creer" y a llevar el Evangelio a la mayoría de las almas globalmente. Su testimonio lo lleva de ser un traficante de droga a un oficial encubierto de narcóticos a un predicador a tiempo completo. Él ministra fuertemente en las áreas de sanidad y liberación, llevando nuevamente a los cristianos a la verdad de que Dios todavía sana hoy. Brian viaja globalmente y recientemente apareció como un invitado en el programa de televisión de Sid Roth *¡Es sobrenatural!* Su estilo único de predicación es acompañado por una tremenda unción por ganar a los perdidos y ofrecer esperanza y sanidad a los heridos. Su ministerio se enfoca en la autoridad del Evangelio y el poder de Dios para transformar vidas.

www.brianadamsministries.com
www.therockfgc.org
Brian Adams Ministries
PO Box 188, Jackson, OH 45640
740-286-3924 o gratis 866-386-3924
Correo electrónico:
drbrian@brianadamsministries.com